ガブリエルとイライジャへ

ノイズにまぎれた私のシグナルを

最も賢い億万長者〈上〉

The Man Who Solved the Market

by

Gregory Zuckerman

This edition published by arrangement with Portfolio, an imprint of Penguin Publishing Group, a division of Penguin Random House LLC through Tuttle-Mori Agency, Inc., Tokyo

最も賢い億万長者

数学者シモンズはいかにしてマーケットを解読したか

『上』

グレゴリー・ザッカーマン
水谷 淳［訳］

THE MAN WHO SOLVED THE MARKET

How Jim Simons Launched the Quant Revolution

ダイヤモンド社

最も賢い億万長者〈上〉——目次

〈下巻〉目次

◉主な登場人物

ジェームズ（ジム）・シモンズ：数学者、暗号解読者、ルネサンス・テクノロジーズ創業者

レニー・バウム：シモンズの最初の投資パートナー、数百万人の生活に影響を与えたアルゴリズムの考案者

ジェームズ・アックス：メダリオン・ファンドを運用し、初のトレーディングモデルを開発

サンドー・ストラウス：ルネサンスの初期に重要な役割を果たしたデータ専門家

エルウィン・バーレカンプ：重要な転換点でメダリオン・ファンドの運用に携わったゲーム理論学者

ヘンリー・ラウファー：シモンズのファンドを短期取引へ移行させた数学者

ピーター・ブラウン：ルネサンスの重要なブレークスルーに寄与したコンピュータ科学者

ロバート（ボブ）・マーサー：ルネサンスの共同CEOで、ドナルド・トランプの大統領就任に力を貸した

レベッカ・マーサー：スティーブ・バノンと組んでアメリカの政治を覆した

デビッド・マガーマン：マーサー父娘の政治活動を止めようとしたコンピュータ専門家

［訳注］ジム・シモンズは、本来「ジム・サイモンズ」と表記すべきだが、一般的に「ジム・シモンズ」で通っているため、本書でもそれにならった。数学の分野などで定着しているものについては「サイモンズ」とした。

◉重要な出来事の年表

一九三八年　ジム・シモンズ生まれる
一九五八年　シモンズ、MITを卒業
一九六四年　シモンズ、IDAの暗号解読者となる
一九六八年　シモンズ、ニューヨーク州立大学ストーニーブルック校数学科を率いる
一九七四年　シモンズとチャーン、革新的な論文を発表
一九七八年　シモンズ、学問の世界を離れて通貨トレーディング会社のマネメトリクスを起業し、ヘッジファンドのリムロイを立ち上げる
一九七九年　レニー・バウムとジェームズ・アックスが仲間に加わる
一九八二年　社名をルネサンス・テクノロジーズと改称
一九八四年　バウム退職
一九八五年　アックスとストラウスが会社をカリフォルニア州に移転

一九八八年　シモンズ、リムロイを終了し、メダリオン・ファンドを立ち上げる
一九八九年　アックスが去り、エルウィン・バーレカンプがメダリオンを率いる
一九九〇年　バーレカンプが去り、シモンズが会社とファンドを指揮することに
一九九二年　ヘンリー・ラウファー、フルタイムの社員となる
一九九三年　ピーター・ブラウンとロバート・マーサーが入社
一九九五年　ブラウンとマーサーが重要なブレークスルーを成し遂げる
二〇〇〇年　メダリオン、九八・五パーセントの急成長
二〇〇五年　ルネサンス・インスティテューショナル・エクイティーズ・ファンド開始
二〇〇七年　ルネサンスなどのクオンツファームが突然の損失に見舞われる
二〇一〇年　ブラウンとマーサーがルネサンスを引き継ぐ
二〇一七年　マーサー、共同CEOを退任

イントロダクション

「分からないのか？　誰も話したがらないぞ」

二〇一七年九月初め、私はマサチューセッツ州ケンブリッジの魚料理のレストランでサラダをつまみながら、ニック・パターソンという名のイギリス人数学者から、彼が以前勤めていた会社、ルネサンス・テクノロジーズのことを聞き出そうとしていた。だが事はそう簡単ではなかった。

私はパターソンに、ルネサンスの創業者ジェームズ・シモンズが金融史上最大の金儲けマシンを作り出した経緯を綴《つづ》った本を書きたいのだと話した。ルネサンスはあまりに莫大《ばくだい》な富を生み出し、シモンズとその仕事仲間たちは、政治、科学、教育、慈善活動の世界ですさまじい影響力を振るった。劇的な社会変革を見越したシモンズは、マーク・ザッカーバーグとその同年代の人たちが保育園を出る前から、アルゴリズム、コンピュータモデル、ビッグデータを活用したのだ。

パターソンはあまり乗り気でなかった。シモンズとその代理人たちからも、さほど手は貸せないと言われていた。ルネサンスの幹部など、シモンズに近い人たちは、電話やメールも返してくれなかった――私が友人だと思っていた人たちですら。競争相手たちもシモンズに釘を刺されていて、会ってはくれなかった。まるで、マフィアのボスには誰も逆らえないかのように。

ルネサンスが社員に、退職後もあまり多くを語らせないよう、三〇ページにおよぶ鉄壁の秘密保持契約にサインさせていたことを、私は何度も思い知らされた。分かるよ。でも話してくれよ。私は二〇年ほど『ウォール・ストリート・ジャーナル』で働いていて、駆け引きのノウハウは身につけていた。頑固に抵抗する人でさえ、いずれは振り向いてくれるものだ。そもそも、彼らのことを書いた本を読みたがらない人なんてどこにいるだろう？彼らとは当然、ジム・シモンズとルネサンス・テクノロジーズのことだ。

ある程度予想はしていた。シモンズと彼のチームはウォール街史上もっとも秘密を守るトレーダーで、商売敵にいっさい手掛かりをつかまれないよう、自分たちが金融市場を征服した経緯のヒントすら与えまいとしている。社員はメディアへの露出を嫌い、業界の会合や公的な集まりもほとんど避けている。あるときシモンズは、自分の姿勢を説明するのに、ジョージ・オーウェルの小説『動物農場』に登場するロバのベンジャミンの言葉を引用した。「『神は僕に、ハエを追い払うための尻尾をくれた。でもそれより、尻尾もなくてハエもいないほうがいい』。俺は世間の関心をそういうふうに感じている」[1]

私は自分の皿から視線を上げて、作り笑いをした。

〝これは戦いになるぞ〟

私はあきらめまいと、防壁をしらみつぶしに調べて穴を探した。シモンズのことを書いて彼の秘密を暴くことに取り憑《つ》かれていった。彼が築いた障壁によって、追求したいという衝動はますます掻《か》き立てられた。

シモンズの話を綴ろうと心に決めたのには、抑えがたい理由がいくつかあった。元数学教授のシモンズは、現代金融史上おそらくもっとも成功したトレーダーである。ルネサンスの屋台骨であるヘッジファンド、メダリオンは、一九八八年以降、年間平均六六パーセントの収益率を上げ、運用収益は一〇〇〇億ドルを超えている（この数値をどうやって計算したかについては付録1を見よ）。投資の世界でこれほどの額に迫る者は誰もいない。ウォーレン・バフェット、ジョージ・ソロス、ピーター・リンチ、スティーブ・コーエン、レイ・ダリオですら手が届かない（付録2を見よ）。

近年ではルネサンスは、年間七〇億ドルを超える運用収益を上げている。この額は、アンダーアーマー、リーバイ・ストラウス、ハズブロ〔玩具メーカー〕、ハイアット・ホテルズなど名の通った企業の年間売上高を上回る。とんでもない話だ。これらの企業は何万人もの従業員を抱えているが、ルネサンスはたった三〇〇人ほどなのだ。

私の推計では、シモンズの資産総額は約二三〇億ドル、テスラ・モーターズのイーロン・マスク、ニューズ・コープ〔フォックス・ニュースや二〇世紀フォックスなどを有する企業グループ〕のルパート・マードック、あるいはスティーブ・ジョブズの未亡人ローリーン・パウエル・ジョブズよりも裕福である。ルネサンスのほかの社員も億万長者で、自社のヘッジファンドに平均五〇〇〇万ドル近く投資している。まさにシモンズと彼のチームは、王様と麦わらと金塊の山が登場するおとぎ話のように富を生み出しているのだ。

私が興味を惹《ひ》かれたのは、トレーディングに成功したことだけではない。ほかの投資家がまだ直観や本能や昔ながらの調査に頼って予想を立てていた時代に、シモンズはいち早く、山のようなデータを掘り下げて高度な数学を駆使し、最先端のコンピュータモデルを開発しようと決心した。それ以来、シモンズが引き起こした革命は投資の世界を席巻してきた。二〇一九年初めには、ヘッジファンドなどの定量的投資家、いわゆる「クオンツ」が市場の最大のプレイヤーとして台頭し、株式取引の約三〇パーセントを支配して、個人投資家と従来の投資会社を合わせた取引規模を上回った。[2] かつてMBA（経営学修士）は、科学的でシステム的な投資法に頼るなどという考えをバカにして、必要となったらプログラマーを雇えばいいと高をくくっていた。だが今日では、逆にプログラマーのほうがMB

Aを相手に同じことを言う。ただし、あくまでもMBAを気に掛ければの話だが。

シモンズの先駆的な手法はほぼあらゆる業界に取り入れられ、日常生活の隅々にまで浸透している。三〇年以上前からシモンズと彼のチームは、大量の統計データを処理し、数々の作業を機械に任せ、アルゴリズムに頼っていた。同様の戦術が、シリコンバレー、政府機関、スポーツスタジアム、病院、軍司令部など、未来予測を必要とするほぼあらゆる場所で取り入れられるようになったのは、ずっとのちのことである。

シモンズは有能な人材を囲い込んで操るための数々の戦略を編み出し、生粋の知力と数学の才能を驚くほど大量の富に変えた。数学からお金を、しかも大金を作ったのだ。数十年前ならそんなことはほぼ不可能だった。

近年シモンズは、いわば現代のメディチ家として台頭し、パブリックスクールの何千人もの数学教師や科学教師の給料を助成したり、自閉症の治療法の開発や生命の起源の探求を支援したりしている。それらの取り組みは確かに価値があるが、その一方で、一個人がこれほどの影響力を振るうべきかどうかという疑問も巻き起こっている。二〇一六年、ドナルド・トランプの大統領選の勝利に個人としておそらくもっとも貢献した、上級取締役のロバート・マーサーの影響力もしかりだ。※トランプに最大の献金をしたマーサーは、無名だったスティーブ・バノンやケリーアン・コンウェイをトランプの選挙活動に引き抜いて、困難な時期をしのいだ。また、かつてマーサーが経営していて現在は娘のレベッカが率いているいくつかの企業は、イギリスのEU離脱を推進するキャンペーンを成功させる上で中心的な役割を果たした。シモンズやマーサー、そしてルネサンスの連中は、今後何年ものあいだ幅広い影響をおよぼしつづけるだろう。

シモンズと彼のチームの成功を受けて、いくつもの難しい問題が浮上している。従来の大手企業に属するベテラン投資家よりも、数学者や科学者のほうが金融市場の動向をうまく予測できるということを、どうやって受け止めればいいのか？　シモンズと仲間たちは、ほかの人には知りえない投資の根本を理解しているのか？　シモンズの成功を踏まえると、人間の判断や直観にはそもそも欠陥があるもので、手に負えそうにない大量のデータを扱えるのはモデルや自動システムだけだと言い切れるのか？　シモンズの定量的手法が勝利して普及することで、これまで気づかれなかった新たなリスクが生まれるのか？

私がもっとも惹かれたのは、ある大きな矛盾である。シモンズと彼のチームが市場を征服するはずはなかったのだ。シモンズは金融学の科目を一つも取らなかったし、経営にもほとんど関心がなかったし、四〇歳を過ぎるまでは投資に四苦八苦していた。それから一〇年たってもたいして進歩していなかった。それどころか、シモンズは応用数学すら学んでおらず、専門分野は実用からもっともかけ離れた理論数学だった。ロングアイランド北岸の静かな町にあるシモンズの会社は、投資のこともウォール街の流儀もいっさい知らない数学者や科学者を雇っている。中には資本主義にあからさまに疑問を唱える人までいる。それでもシモンズと仲間たちは、投資家が金融市場に取り組む方法を変え、トレーダーや投資家などプロの業界を圧倒した。それはまるで、初めて南アメリカにやって来た旅行者グループが、奇妙な道具とわずかな支度金だけでエル・ドラードを発見し、筋金入りの探検家たちが失望のまなざしで見つめる中、黄金を次々に略奪していったようなものだ。

私もようやく鉱脈を掘り当てた。シモンズの若かりし頃のこと、革新的な数学者や冷戦時代の暗号解読者だったときのこと、そして、会社を立ち上げたばかりの不安定な時期のことを突き止めたのだ。ルネサンスのもっとも重要なブレークスルーや、私の想像を超えて劇的で興味深い最近の出来事について、さまざまな人から事細かに話を聞いた。最終的に、三〇人を超すルネサンスの現役または元社員に、四〇〇回以上にわたって取材した。話を聞いたシモンズの友人や家族、そして本書で綴る出来事に関わった、または通じた人たちは、さらに大勢におよんだ。時間を割いて記憶や見解や識見を提供してくれたすべての人に深く感謝する。中には、かなりのリスクを冒して私の執筆の助けに

※マーサーはすでにルネサンス社の共同CEOを退いているが、上級社員として会社にとどまっている。

なってくれた人もいる。彼らの信義に報いられていれば幸いだ。

最終的にはシモンズ本人も話をしてくれた。シモンズはこの出版計画をけっして快く思わず、本書を書かないでくれと頼んできた。ルネサンスのトレーディングなど大半の活動については説明を拒んだが、親切にも、人生のいくつかの時期のことについては一〇時間以上かけて語ってくれた。シモンズの価値ある考えを私は高く買った。

本書はノンフィクション作品である。ここに綴った出来事を目撃または認識した当人の説明や回顧に基づいている。記憶は薄れていくものだということを踏まえて、事実や出来事や引用はすべてできる限りチェックした。

定量的ファイナンスや数学の専門家だけでなく、一般の読者にも受け入れてもらえるような形で書いたつもりだ。隠れマルコフモデル、機械学習のカーネル法、確率微分方程式を取り上げる一方で、離婚、企業の陰謀、パニックに陥ったトレーダーも登場する。

シモンズは洞察力と先見の明の持ち主にもかかわらず、人生で起こったほとんどの出来事に足をすくわれた。それが、彼の驚きの物語から得られる教訓の中でも、もっとも長く引き継がれるものかもしれない。

プロローグ　投資で勝つために、人間はいらない

ジム・シモンズは受話器を置こうとしなかった。

一九九〇年秋のこと、シモンズは、マンハッタンのミッドタウンに立つ高層ビルの三三階にあるオフィスで、世界中の金融市場の最新動向をめまぐるしく伝えるコンピュータの画面をじっと見つめていた。なぜシモンズが冷静でいられるのか、友人たちには解せなかった。五二歳のシモンズは、すでに満ち足りた人生を送り、同年代の人たちなら十分に野心を満たせたはずの冒険、成果、富を享受していた。それでもこのオフィスにとどまって、投資ファンドを指揮し、日々移り変わる市場に気を揉《も》んでいた。

身長は一八〇センチ近いが、少し猫背で、髪も薄く白髪交じりのため、もう少し小柄で老けて見えた。喫煙の習慣をやめられなかった、またはやめたくなかったせいか、茶色の目の周りには皺《しわ》が寄っていた。彫りが深くて皺の寄った顔立ちと、茶目っ気のある瞳の輝

きに、友人たちはいまは亡き俳優ハンフリー・ボガートを連想した。

整理整頓されたシモンズのデスクの上では、特大の灰皿が、次のたばこに火が点《つ》けられるのを待ち構えていた。壁には、ヤマネコがウサギをむさぼる場面を描いた気味の悪い絵が掛かっていた。そのそばにある一台のソファーと、座り心地の良い二脚の革製椅子の隣に置かれたコーヒーテーブルには、難解な数学の研究論文が載っていて、シモンズが順調な学者人生を捨てて仲間の数学者を驚かせたことを思い起こさせた。

それまでシモンズは丸々一二年をかけて、投資に成功するための公式を探していた。初めの頃はほかの投資家と同じく直観や本能に頼っていたが、度重なる浮き沈みのせいで胃を悪くした。あまりの落ち込み具合に、自殺するのではないかと社員たちから心配されたこともあった。有名だが頑固な二人の数学者を招いてトレーディングに加わってもらったが、損失を出して激しい言葉の応酬があった末にパートナーシップは崩壊した。一年前には、散々な結果に投資を中断せざるをえなくなった。完全に事業を畳むだろうと見る人もいた。

それでもシモンズは、二度目の結婚生活と三人目のビジネスパートナーを得て、ある革新的な投資手法を取り入れる決心をした。ゲーム理論学者のエルウィン・バーレカンプとともに、膨大なデータを処理して理想的な取引を選ぶことのできるコンピュータモデルを構築したのだ。投資プロセスから感情を排除することを狙いの一つとする、科学的で体系的な方法論である。

「十分なデータがあれば予測ができることは分かっている」とシモンズはある仕事仲間に語った。

シモンズにきわめて近しい人たちには、何が本当に彼を駆り立てているのかが分かっていた。シモンズは二三歳で博士号を取得したのち、政府の暗号解読者として高く認められ、著名な数学者となり、革新的な方法で大学を運営した。彼に必要だったのは、新たな挑戦と、もっと大きな舞台だった。シモンズはある友人に、「市場の古くからの謎を解いて投資の世界を征服できれば、すごいことになる」と語った。数学を使って市場を打ち負かす存在になりたかったのだ。もし成功すれば、何百万ドル、あるいはそれ以上稼げる。シモンズは実はウォール街を目指しているのではないかと勘ぐる人もいたが、成功すればそれよりも幅広い世界に影響をおよぼすことができる。

トレーディングの世界でも数学と同じく、中年になってからブレークスルーを成し遂げる人は稀《まれ》だ。それでもシモンズは、自分は特別な、もしかしたら歴史的な出来事の寸前にまで来ていると確信していた。そしてメリットという銘柄のたばこを二本の指で挟んだまま、受話器に手を伸ばし、再びバーレカンプに電話をかけた。

「金《きん》に注目してるか?」。ガラガラ声のその訛《なま》り具合は、ボストン育ちであることをうかがわせた。

「ああ、金価格なら見てるぞ」とバーレカンプは答えた。そして、「俺たちのトレーディングシステムを調節する必要はない」と付け加えた。シモンズはいつものように、それ以上は問い詰めずにそっと受話器を置いた。しかしシモンズの嫌みな言葉に、バーレカンプは次第に腹が立ってきた。生真面目で痩せ型、分厚いめがねの奥から青い瞳を覗かせるバーレカンプは、国の反対端、いまだ教鞭《きょうべん》を執るカリフォルニア大学バークレー校のキャンパスから歩いてすぐのところにあるオフィスで仕事をしていた。バーレカンプのトレーディングについて本人と議論したこの大学のビジネススクールの学生たちは、彼とシモンズが愛用する手法を「クワッカリー」（いんちき療法）とたびたび揶揄《やゆ》した。

ある人はバーレカンプに、「おいおい。コンピュータが人間の判断に太刀打ちできるはずないだろう」と突っかかった。

するとバーレカンプは、「俺たちは人間よりも上のことをしようとしてるんだ」と答えた。

バーレカンプも、自分たちの方法論が現代の錬金術呼ばわりされている理由は重々承知だった。本人ですら、このモデルが特定の取引を勧めてくる理由を完全には説明できなかった。

シモンズのアイデアに関心が集まらなかった場所は、キャンパスだけではなかった。従来型の投資の黄金時代が幕を開けたのは、ジョージ・ソロス、ピーター・リンチ、ビル・グロスらが、投資商品や金融市場や世界経済の方向性を見抜き、知能と直観、そして昔ながらの経済や企業の分析に基づいて莫大な収益を生み出したときだった。しかしシモンズはライバルたちと違って、キャッシュフローの見積もり方、新商品の見極め方、金利の予測のしかたをいっさい知らなかった。代わりに、大量の価格データを掘り返していた。ウォール街のほとんどの専門家にはまったく馴染《なじ》みのない「データクレンジング」「シグナル」「バックテスティング」といった用語が飛び交うその手のトレーディングには、適切な呼び名すらなかった。一九九〇年当時、Eメールを使っている人もほとんどいなかったし、インターネットブラウザもまだ発明されてはおらず、アルゴリズムという言葉についても、せいぜい第二次世界大戦中にナチスの暗号メッセージを解読したアラン・チューリングの機械に使われていたような、一段階ずつ進められる手順だということしか知られていなかった。これらのやりかたが何億人もの日々の生活を導いて、さらには支配するかもしれないとか、二人の元数学教授がコンピュータを使って有名なベテラン投資家を打ち負かすかもしれないといった考えは、まったくの与太話とまでは言えないものの、信じがたいことと思われていた。

だがシモンズは、生まれつき楽観的で自信家だった。自らのコンピュータシステムが成功する兆しを感じ取り、期待をほとばしらせた。しかもシモンズにはあまり選択肢がなかった。一度は成功したベンチャー投資も行き詰まっていたし、教職に戻るつもりもいっさいなかった。

シモンズはもう一度バーレカンプに至急電話をかけ、「システムに手を加えよう」と持ちかけた。「来年は八〇パーセント成長できるはずだ」

〝八〇パーセントだって？ ついにいかれちまったか〟とバーレカンプは思った。

そして、「そんなとてつもない収益率は考えられない」とシモンズを諭した。「こんなに何度もかけてこなくていいぞ、ジム」。それでもシモンズは自分を抑えられなかった。そして度が過ぎてしまった。バーレカンプは退職し、シモンズはまたもや打ちひしがれた。「知ったこっちゃない。俺一人でやってやる」とシモンズは友人に言い放った。

＊

同じ頃、八〇キロ離れたニューヨーク州の別の場所で、背が高く男前の中年科学者がホワイトボードを見つめ、自身の難題に取り組んでいた。その人、ロバート・マーサーは、ウエストチェスター郊外に広がるＩＢＭの研究所に勤めながら、コンピュータに音声の書き起こしや言語間の翻訳などをもっとうまくやらせる方法を探っていた。従来の手法をなぞるのでなく、大規模機械学習の先駆けとなる手法を使ってそれらの問題に挑んでいた。マーサーと同僚たちは、コンピュータに十分なデータを供給して、コンピュータが自ら課題をこなせるようにすることを目指していた。しかし、この巨大コンピュータメーカーに勤務して二〇年目が近づいても、自分とチームがどこまで成し遂げられるかまだ先が見通せなかった。

そばで何年も働いてきた同僚ですら、マーサーの考え方は理解できなかった。マーサーは並外れた才能の持ち主だった。しかも変わり者で、人付き合いが苦手だった。昼食には毎日、使い古しの茶色の紙袋に詰めた、ツナかピーナッツバターとゼリーのサンドイッチを食べていた。オフィスの中ではいつも、心ここにあらずといった笑みを浮かべながら、おもに古い歌を鼻歌で歌ったり、口笛で吹いたりしていた。

マーサーの口から出てくるたいていの言葉は冴《さ》えわたっていて深みがあったが、ときには人の癇《かん》に障ることもあった。あるときマーサーは同僚に、自分は永遠に生きられると信じていると言った。過去同じようなことを言った人たちは首を横に振るだろうが、マーサーは本気なんだと所員たちは思った。のちに同僚たちは、マーサーが政府に根深い反感を抱いていて、その過激な政治観が本人の人生を支配し、大勢の人の人生に影響をおよぼすことを思い知らされる。

ＩＢＭでマーサーは、ピーター・ブラウンという名の年下の同僚と何時間も話し合っていた。ブラウンは魅力的で創造力に富む社交的な数学者で、その色つきのめがねと、ふさふさしたまとまりのない茶色の髪と、活動的な姿勢は、いわゆるマッドプロフェッサーを連想させた。二人はお金や市場について長々と話し合うことはなかった。それでものちに個人的な悩みをきっかけに、シモンズと力を合わせることとなる。市場の暗号を解読して投資に革命を起こすという、シモンズの見込み薄の挑戦は、やがて三人にとっての挑戦となっていく。

＊

シモンズは、行く手に立ち塞《ふさ》がる巨大な障壁には気づいていなかった。また、悲劇が忍び寄っていることも、政治の激変で自分の会社が大打撃をこうむることも知らなかった。一九九〇年秋のその日、自分のオフィスからイーストリバーを見下ろすシモンズに分かっていたのは、ある難問を解決しなければならないことだけだった。

「市場にはいくつものパターンがある。それを見つけられるはずだ」とシモンズは仲間に語った。

第1部

お金がすべてではない

第１章

やるべきことではなく、
やりたいことをやる

シモンズを支えた両親の思い

ジミー〔ジェームズ〕・シモンズはほうきを手に取り、階段を上がった。

一九五二年冬、その一四歳の少年は、ボストン郊外の緑多い町、マサチューセッツ州ニュートンにある自宅近くの園芸用品店ブレックスで、小遣いを稼ごうとしていた。働きぶりは良くなかった。下の階の倉庫で作業をしていたその少年は、考え事をするあまり、肥料の羊の糞《ふん》や植物の種など、あらゆる商品を間違った場所に置いてしまっていた。

苛立《いらだ》ったオーナーたちはジミーに、店の狭い通路を歩き回りながら板張りの床を掃くよう言いつけた。頭を使わない反復的な仕事だ。ジミーはその降格を思いがけない幸運と感じた。ようやく一人になって、人生で何が一番大事かをじっくり考えはじめたのだ。数学。女の子。将来。

〝考え事をしてお金がもらえるんだ！〟

何週間かたってクリスマスシーズンのアルバイトが終わると、オーナー夫妻はジミーに人生設計について尋ねた。

「ＭＩＴで数学を勉強したいんです」

夫妻は爆笑した。あまりにも忘れっぽくて基本的な園芸用品さえ管理できない少年が、数学を専攻したいだって？　しかもマサチューセッツ工科大学で？

「二人は、そんな笑い話いままで聞いたこともないって思ったんだ」とシモンズは振り返る。

疑われても、笑われても、ジミーは気にしなかった。少年は、何か特別なことを成し遂げるという並々ならぬ自信と決意に満ちあふれていた。それは、同じく大志を抱いたが無念に終わった両親が支えてくれたからこそだった。

マルシアとマシューのシモンズ夫妻に、一九三八年の春、ジェームズ・ハリスが誕生した。夫妻は息子に時間と精力を注ぎ込んだ。マルシアが流産を繰り返した末に生まれたかけがえのない子供だった。頭が切れて外交的な性格、多少の機知のあるマルシアは、ジミーの通う学校でボランティアとして働いたものの、自宅の外で仕事に就く機会は得られなかった。そこで自分の夢と情熱をジミーに注ぎ込み、息子を学問の道へ導いて、きっと成功すると信じ込ませた。

「母は俺に大きな期待を掛けてくれた。俺をプロデュースしているつもりだった」とシモンズは振り返る。

一方、父親のマシュー・シモンズは、人生についても子育てについても違う見方をしていた。一〇人兄弟のマシューは六歳のときから、街なかで新聞を売ったり、近所の駅で旅行者の荷物を運んだりして家計を助けていた。高校に入る歳になるとフルタイムで働きはじめた。夜間学校に通おうとしたが、仕事でくたくたで集中できず、辞めてしまった。

父親としてのマシューは、優しくておおらか、話しぶりも柔らかだった。帰宅すると、マルシアにほら話を延々と聞かせるのが好きだった。たとえば、キューバがフロリダまで橋を架ける計画をもうすぐスタートさせるという話をすると、ジミーは必死で笑いを堪《こら》えた。マルシアは確かに一家で一番頭が良かったかもしれないが、それなのに驚くほどだまされやすかった。マシューが次々に突飛な話をでっち上げていって、マルシアがようやく嘘に気づく。その両親のやり取りにジミーは決まって大笑いするのだった。

「母はたいてい嘘に気づかなかったけれど、俺は気づいた」とシモンズは言う。

マシューは二〇世紀フォックスの営業主任として働き、ニューイングランドのいくつもの劇場を車で回っては最新作を売り込んでいた。当時最大のスターだったシャーリー・テンプルがフォックスと契約していたため、彼女が出演する映画とほかに四つか五つの作品を抱き合わせにして劇場に買わせた。マシューは楽しんで仕事に取り組み、営業部長に昇進して、出世できるかもしれないと期待で胸を膨らませた。ところが義理の父ピーター・カンターから、自分の経営する靴工場で働いてくれと言われ、人生計画が一変した。ピーターから経営権の一部を与えると約束され、家業を手伝うしかないと腹をくくったのだ。

高級婦人靴を作るピーターの工場は成功していたが、売上金はほとんどそのままどこかに消えていた。ずんぐりした体格で派手好き、高価な服を好み、最新型のキャデラックを次々に乗り換え、一六〇センチという背の低さを補うために厚底靴を履いていたピーターは、資産の大部分を、競馬と、次々に取り替える愛人につぎ込んだ。給料日には、ジミーとそのいとこのリチャード・ローリーに、「頭まで届くくらいの高さの」札束を持たせた。「俺もジミーも大喜びした」とリチャードは振り返る。[1]

ピーターは見るからに無頓着で人生を好きに生きており、ジミーものちにその生き方を真似する。ロシア出身のピーターは、オオカミや女性、キャビアや大量のウォッカが登場する祖国のいかがわしい話を語り聞かせ、孫たちに「たばこをくれ」とか「ケツにキスしやがれ」といった意味のロシア語のフレーズを教えては、爆笑を誘っていた。税金逃れのためか、貸金庫に大量の札束を保管していたが、胸ポケットにはつねに一五〇〇ドル入っているようにしていた。死体となって発見された日も、胸ポケットにはちょうどぴったりの額が入っていて、周囲には何十人もの親しい女友達からのクリスマスカードが散乱していた。

マシュー・シモンズは靴工場の工場長として何年も働いたが、ピーターが約束した経営権を手にすることはなかった。晩年には息子に、「人から求められた仕事をするために、前途有望で刺激的な人生を棒に振るんじゃなかった」とこぼした。

「人生、やるべきだと思ったことじゃなくて、やりたいことをやれ。この教訓をいっときも忘れたことはない」とシモンズは言う。

考えるのは数学のことばかり

ジミーが何よりも好きだったのは、考えること、とくに数学について考えることだった。数や図形や傾斜に夢中だった。三歳ですでに数を二倍にしたり半分にしたりしていたし、二の累乗を次々に計算していって、一〇二四までできたところで飽きてしまったこともあった。ある日、家族で海へ向かう途中にガソリンスタンドに立ち寄ると、ジミーが不思議そうな顔をした。ガソリンが空になることはありえないと推論したのだ。ガソリンを半分使ってしまっても、あと半分残っているから、そのさらに半分を使えばいい。それを繰り返していけば、いつまでも空にはならないというのだ。

この四歳の少年は、高度な論理が関係する昔ながらの数学問題を偶然発見したことになる。目的地までの残りの距離を半分ずつ進んでいくしかなく、またどんなに短い距離も半分にできたとしたら、目的地にたどり着けるはずはない。ギリシャの哲学者、エレアのゼノンが初めて取り組んだこの難問は、何百年ものあいだ数学者を悩ませた一連のパラドックスの中でももっとも有名なものである。

多くの一人っ子がそうだが、ジミーも長い時間座っては考え事をして、独り言を言うこともあった。保育園ではよく、近くの木に登って枝に腰掛け、物思いにふけっていた。ときどきマルシアがやってきて、下に降りてほかの子供と遊ぶよう仕向けるしかなかった。

ジミーは両親と違い、夢中になれるものだけを目指そうと心に決めていた。八歳のとき、家族のかかりつけ医のカプラン先生から、「賢いユダヤ人少年」に理想的な仕事ということで、医者になることを勧められた。

するとジミーは怒り出した。

「僕は数学者か科学者になりたいんだ」

カプラン先生は少年を説きつけようとした。「いいかい、数学じゃお金を稼げないんだよ」

ジミーは、それでも目指したいと突っぱねた。数学者がどんなものかははっきりとは分かっていなかったが、数を扱っていそうだということは理解していて、どうやらそれだけで十分だったらしい。ともかく、医者になるつもりがないことは完全に自覚していた。

学校では成績優秀だが、いたずら好きで、母親譲りの自信と父親譲りの茶目っ気のある冗談を見せつけた。本が大好きで、近所の図書館にしょっちゅう行っては週に四冊も借り出し、その多くは学年のレベルをはるかに上回る本だった。だがもっとも強く心を奪われたのは、数学の概念だった。ニュースキャスターのマイク・ウォレスやバーバラ・ウォルターズが卒業生に名を連ねる、ブルックラインのローレンス・スクールでは、学級委員長に選ばれて、トップに次ぐ成績で卒業した。成績が上だった女子生徒は、ジミーほど頻繁に物思いにふけることはなかった。

貧富の格差を知る

その頃、ジミーにはとても裕福な友人がいて、その一家の贅沢《ぜいたく》な生活スタイルに衝撃を受けた。

「大金持ちになるのはいいことだ。見ていてよく分かったよ。ビジネスには興味はないけど、だからといってお金に興味がないわけじゃない」とシモンズはのちに語っている。[2]

ジミーはさまざまな冒険に多くの時間を割いた。友人のジム・ハーペルとよく路面電車でボストンへ行き、ベイリーズ・アイスクリームでパイントサイズ〔約四七〇cc〕をほおばった。大きくなると二人は、オールド・ハワード・シアターで開かれるボードビルショーにたびたび忍び込んだ。ある土曜日の朝、劇場から出てきたところでハーペルの父親に見つかった。二人とも首から双眼鏡をぶら下げていた。

「お前ら、オールド・ハワードに入り浸ってるのか?」と父親は問い詰めた。

〝まずい〟

そこでジミーは、「どうして決めつけるんですか? ハーペルさん」と聞き返した。

するとハーペル氏は、「このあたりじゃ鳥なんてたいして見れないぞ」と当てこすった。

ジミーは九年生を終えたときに一家でブルックラインからニュートンへ引っ越し、膨れ上がる情熱を育むのにふさわしいエリートのパブリックスクール、ニュートン高校に入学した。高校二年生のときには、二次元平面は果てしなく広げられるかどうかなど、さまざまな理論的概念について進んで議論した。

三年間で高校を卒業すると、痩せ形で筋骨たくましいシモンズは、ハーペルと一緒に車でアメリカ横断旅行に出発した。中流階級に属していて、それまで苦しい生活とはほとんど無縁だった一七歳の少年たちは、行く先々で地元の人と会話を交わした。ミシシッピ川を渡ると、鶏舎で暮らしながら分益小作人として働くアフリカ系アメリカ人たちを目にした。

「南部の再建で彼らは小作人になったけど、あれじゃあ奴隷と同じだった。ちょっとショックだったよ」とハーペルは振り返る。

とある州立公園でキャンプをしたとき、立ち寄ったプールにアフリカ系アメリカ人が一人もいないことに二人は驚いた。そこでシモンズは、ずんぐりした中年の従業員に、どうして黒人がいないのかと尋ねた。

すると、「ネグロは入れさせねぇんだよ」と言われた。

いくつもの町を訪れたシモンズとハーペルは、赤貧で暮らす家々を目の当たりにして大きな衝撃を受け、恵まれない人たちの窮状にますます敏感になった。

大学で独自の方法論に気づく

シモンズは望みどおりMITに入学し、しかも高校でAPクラス（飛び級）の単位を取っていたおかげで、一年目の数学の科目を免除された。ところが入学早々、数々の困難に直面する。まずはストレスと激しい胃痛にさいなまれ、体重を一〇キロ近く減らして二週間入院した。最終的に大腸炎と診断されたが、ステロイドを処方されて症状は安定した。

思い上がっていたシモンズは、一年目の後期に大学院の抽象代数学の科目を履修した。結果は大惨事だった。クラスメイトについていけず、課題の要点も講義の内容も理解できなかったのだ。

そこで抽象代数学の本を買って夏休みに実家へ持っていき、一度に何時間もかけて読み込んでは頭を働かせ、最後にはすべて理解できた。その後の代数学の科目では優秀な成績を収めた。二年生のとき、上級の微積分学の科目でDを取ってしまったが、教授は次のレベルの科目を受講することを認めてくれた。アイザック・ニュートンによる微積分学の基本定理を一般化した、三次元における線積分と面積分とを関連づけるストークスの定理について論じる科目である。その定理が微積分と代数学と幾何学に関係していて、単純だが思いがけないハーモニーを生み出しているように思え、シモンズは心を奪われた。あまりにも良い成績に、クラスメイトが教えてほしいと集まってくるほどだった。

「開花したんだ。誇らしい気持ちだった」とシモンズは言う。

強力な定理や公式が真理の鍵を開け、数学や幾何学の互いにかけ離れた分野どうしを結びつける様に、シモンズは惹きつけられた。

「まさに優雅、美しい概念だった」

しかしクラスメイトの中には、たった二年間で卒業し、のちに一流の数学の賞を次々に取ってハーバード大学で教職に就くこととなる、バリー・メイザーのような超優秀な学生もいた。シモンズは、自分はとうていそこまでのレベルではないと思い知らされたが、それでも近いレベルにまでは達した。そして、問題をじっくりと考えて独自の答えにたどり着くという、独自の方法論が自分には備わっていることに気づいた。目を閉じて何時間も横になっている様子が、たびたび友人たちに目撃されている。創造力と「センスの良さ」、つまり、真のブレークスルーにつながりそうなたぐいの問題に挑む本能を備えた思索家だったのだ。

「すごくもないし一番でもないかもしれないけど、何か立派なことはできるって気づいた。自信だけはあったんだ」とシモンズは言う。

ある日、シモンズは、自分が教わっている著名な数学者のウォーレン・アンブローズとイサドール・シンガーが、深夜過ぎに近くのカフェで真剣に議論しているのを目撃した。そして、自分もああいう生活を送りたいと心に決めた。四六時中、たばことコーヒーと数学に囲まれた生活だ。

「悟りを得たみたいなもんだ。……ひらめきだよ」

数学以外に関しては、負担が重すぎる科目はなんとしてでも避けようとした。MITでは体育の科目がいずれか一つ必修だったが、シモンズはシャワーや着替えで時間を無駄にしたくはないと思い、アーチェリーの科目に登録した。そして、コロンビア出身のジミー・メイヤーと一緒に、授業をもう少し面白くしようと考え、一回射るたびに五セント賭けることにした。二人は親友どうしになって、ナンパをしたりクラスメイトと夜遅くまでポーカーをしたりした。

「五ドルすったら、自分で自分を射貫いたような気分になったよ」とメイヤーは振り返る。

シモンズはひょうきんで人なつこく、本音を口に出すたちで、たびたびトラブルを起こした。一年生のとき、水鉄砲に軽油を詰め、ライターを使って自作の火炎放射器をこしらえた。あるとき、チャールズ川沿いに立つ寄宿舎、ベーカーハウスのトイレの中で火を焚《た》き、容器に入った軽油を便器に流して後ろ手に扉を閉めた。振り返ると、扉の周囲にオレンジ色の光が見えた。トイレの中が炎に包まれていたのだ。

駆けつけてきたクラスメイトにシモンズは叫んだ。「入っちゃだめだ!」

トイレの中では、灯油が過熱して発火し、火の玉となっていた。幸いにもその寄宿舎は濃赤色の粗面仕上げのれんがで建てられていたため、延焼は免れた。シモンズは自分がやったことを認め、修繕費用五〇ドルを一〇週ごとの分割払いで納めた。

卒業旅行で警察の世話に

一九五八年、MITで三年間を過ごした二〇歳のシモンズは、卒業に十分な単位を取り、数学の学士号を取得した。しかし大学院に入る前に、一つ新たな冒険をしたいと思った。そして友人のジョー・ローゼンシャインに、「記録に残ること」をやって「歴史に名を刻みたい」と打ち明けた。

ローラースケートで長距離旅行をしたら注目されるかもしれないと考えたが、疲れ果ててしまうだろうと思いなおした。テレビの取材班を同行させて友人たちと一緒に南アメリカまで水上スキーで行ったらどうかとも考えたが、かなり難しい計画になると分かった。そんなある日の午後、ローゼンシャインとハーバード・スクエアをぶらついていると、ベスパという一台のスクーターが突っ走っていくのを目にした。

「あれが使えないか?」とシモンズはつぶやいた。

そして「ニュースのネタになる」旅行の計画を練り上げ、近所にある二軒のディーラーに掛け合って、旅行の様子を撮影する権利を与える代わりに、当時の一流ブランドだったランブレッタというスクーターを自分と友人に割安で売ってもらった。シモンズとローゼンシャインとメイヤーは南アメリカに向けて出発し、この旅行に「ブエノスアイレスか大《バ》失敗《スト》か」という名前を付けた。三人はイリノイ州を西へ向かい、そこから南に進路を変えてメキシコに入った。田舎道を走っては、家のポーチや廃墟となった警察署で、あるいは森の中でハンモックに蚊帳を掛けて眠った。メキシコシティーではある一家から、盗賊に襲われるから護身用の銃を買えと強く勧められ、スペイン語で「動いたら殺すぞ」という意味の決め台詞《ぜりふ》も教わった。

革のジャケットを着込んで、壊れたマフラーで騒々しい音を立てながらメキシコ南部の小さな町を走る、まるでマーロン・ブランド主演の名作映画『乱暴者《あばれもの》』に登場する暴走族のような三人は、夕食時になったので食事をする場所を探そうと、スクーターを止めた。すると、いつもの夕方の散歩を邪魔された地元の人たちが、来訪者たちを見つけて怒りはじめた。

「おい外人《グリンゴ》、ここで何してんだ」と誰かが叫んだ。

数分もしないうちに、敵意をむき出しにした若者五〇人が、鉈《なた》を手にするなどしてシモンズと友人たちを取り囲み、三人を壁際に追い詰めた。ローゼンシャインは銃に手を伸ばしたが、弾が六発しか入っていないことを思い出し、膨れ上がる群衆を追い散らすにはとうてい足りないと気づいてあきらめた。すると突然、警官が現れて人だかりをかき分け、MITの学生たちを平穏を乱したかどで逮捕した。

若者たちは拘置所に放り込まれた。またたく間に群衆が拘置所を取り囲み、三人に向かって叫んだり口笛を吹いたりした。その騒動を聞きつけた市長は、取り調べのために人を遣わした。ボストンからやって来た三人の大学生がトラブルを起こしたとの報告を受けると、彼らを市長室に連れてくるよう命じた。実は市長はハーバード大学の卒業生で、ケンブリッジの最新情報を知りたがったのだ。シモンズと友人たちは憤る群衆をかわし、地元の役人と夜遅い豪華なディナーの席に着いた。しかしさらなるトラブルを避けるために、夜明け前に町を出るしかなかった。

ローゼンシャインはこの一件でうんざりして帰途に就いたが、シモンズとメイヤーは旅を続け、土砂崩れや激流を越えながらメキシコ、グアテマラ、コスタリカを通って、七週間かけてコロンビアのボゴタにたどり着いた。食糧もお金もほとんど残っていなかったが、ありがたいことに、この町出身のクラスメイト、エドムンド・エスケナージの豪華な実家に泊めてもらえることになった。友人や親戚が訪問客と会うために列をなし、三人はクロッケー〔ゲートボールの原型〕をしたり、エスケナージ家の人たちとくつろいだりして夏の残りを過ごした。

研究の挫折でバーバラと結婚

MITに戻ってきて大学院での勉強を始めたシモンズは、指導教官から、カリフォルニア大学バークレー校で博士号を取ったらどうかと勧められた。出身地の中国で数学の神童と呼ばれ、微分幾何学とトポロジーの権威となっていた教授、シン－シェン・チャーンのもとで研究ができるからという理由だった。しかしシモンズには、片をつけなければならないことが一つ残っていた。近くのウェルズリー・カレッジの一年生で、小柄で黒髪のかわいらしい一八歳のバーバラ・ブルースタインとデートを重ねていたのだ。二人は四夜連続でじっくり話し合った末に互いに惚《ほ》れ込み、結婚の約束を交わした。

「何度も何度も話をしました。彼がバークレーに行きたいと言うので、私はついていきたいと思いました」とバーバラは振り返る。

しかしバーバラの両親は、そんな移り気めいた関係に怒り心頭だった。母親は、バーバラは結婚するには若すぎると言い張った。また、自信過剰の相手とではうまくいかないだろうと心配もした。

「何年かしたらこき使われることになるわ」と母親は釘を刺した。

両親に反対されてもシモンズと結婚すると心に決めていたバーバラは、譲歩案を示した。彼についてバークレーに行くが、自分が二年生を終えるまでは結婚はしないという提案だ。

一方のシモンズは、バークレーで学ぶための奨学金を手にした。ところが、一九五九年の晩夏にキャンパスにやって来ると、早々に残念な目に遭った。チャーンがどこにも見当たらなかったのだ。教授は一年間のサバティカル（長期有給休暇）で大学を離れたばかりだった。そこでシモンズは、バートラム・コスタントなど何人かの数学者のもとで研究を始めたが、失敗に次ぐ失敗だった。一〇月初旬のある晩、シモンズはバーバラの下宿にやって来て、研究がうまくいっていないと打ち明けた。

シモンズは落ち込んでいる様子だった。

「だから結婚しましょうって言ったんです」とバーバラは振り返る。

シモンズも首を縦に振った。そして二人は、カリフォルニア州で義務づけられている血液検査のために何日も結婚を延ばしたくはないと思い、ネバダ州のリノへ向かうことにした。だが若い二人にはほとんどお金がなかったため、シモンズがルームメイトから、三〇〇キロ超のバス旅のチケットを二枚買えるだけのお金を借りた。リノに着くとバーバラが、結婚許可証の手数料を払えるよう、地元の銀行の店長に頼み込んで州外の小切手を現金化してもらった。短い結婚式を終えると、シモンズは残ったお金でポーカーをやり、勝ったお金で花嫁に黒い水着を買ってあげた。

バークレーに戻ってきた二人は、少なくともそれぞれの家族にどうやって打ち明ければいいか思いつくまで、結婚したことは内緒にしておきたいと思った。しかしバーバラの父親が、近いうちにそちらへ行くと手紙で伝えてきたことで、二人は認めるしかないと腹をくくった。シモンズと新妻はそれぞれの両親に宛てた手紙の中で、大学やクラスの日常の出来事を何ページにもわたって書き連ねた後に、互いに同じ追伸を添えた。

「ところで結婚しました」

投資に取り憑かれる

バーバラの両親の怒りが収まると、父親が地元のラビを手配して、もっときちんとした結婚式を開いてくれた。新婚夫婦は、政治運動で騒がしいキャンパス近くのパーカー街にアパートを借り、シモンズは微分幾何学に焦点を絞った博士論文を書き進めた。微分幾何学とは、微積分やトポロジーや線形代数の手法を使って、湾曲した多次元空間について研究する学問である。シモンズは新たな関心事にも時間を割くようになった。投資である。

二人が結婚祝い金として五〇〇〇ドルを受け取ると、シモンズはどうしてもそれを何倍にも増やしてみたくなった。そこで少し調べてから、近いサンフランシスコにあるメリルリンチの支店まで車で向かい、熱帯の果物を扱うユナイテッド・フルーツ・カンパニーと、化学品メーカーのセラニーズ・コーポレーションの株を買った。

だが、どちらの株価もほとんど上がらず、シモンズはがっかりした。

そこでメリルリンチのブローカーに、「つまらない銘柄だな。もっとわくわくさせるのはないのか」と尋ねた。

「では大豆に目を向けては?」

シモンズは、それまで何一つ知らなかったコモディティや先物（未来のある決められた日に決められた価格でコモディティなどの投資商品を引き渡すことを約束する金融契約）について熱心に学んだ。当時、大豆は一ブッシェル〔約二七キログラム〕あたり二ドル五〇セントで売買されていた。ブローカーから、メリルリンチのアナリストが大豆の価格は三ドルかそれ以上まで上がると予想していると聞かされて、シモンズは目を見開いた。そして先物を二株購入したところ、大豆の価格が急騰して、たった数日で数千ドルの含み益になった。

シモンズは取り憑かれた。

「投資っていう行為と短期間に稼げるチャンスに魂を奪われたんだ」とシモンズは言う。

ある旧友から、コモディティの価格は乱高下しやすいから、すぐに売って利益を確定させろと忠告された。しかしシモンズは聞く耳を持たなかった。すると案の定、大豆の価格が急落し、シモンズは危うく損を出しかけた。投資初心者はジェットコースターのように乱高下する市場に手を出したがらないものだが、シモンズはそこにこそ惹かれた。そして、シカゴ市場の取引開始に間に合わせるために、メリルリンチの支店に午前七時半に着けるよう、早起きしてサンフランシスコまで車を走らせることが日課となった。大きなボードの上で次々に切り替わる価格を立ったまま何時間も見つめ、値動きに取り残されまいと取引を繰り返した。研究に戻るために家路に就いてからも、市場から目が離せなかった。

「薬をやってるみたいだった」とシモンズは振り返る。

だが、徐々に手一杯になってきた。夜明けにせっせとサンフランシスコまで通いながら、骨の折れる博士論文を完成させるというのは、負担が多すぎたのだ。バーバラが妊娠すると、シモンズはあまりにもたくさんの事柄が手に負えなくなった。そしてしぶしぶトレーディングを中断したが、すでに投資への情熱は心に植え付けられていた。

安定する人生よりも新しい世界へ

シモンズはある困難な未解決問題を証明して博士論文にするつもりだったが、指導教官のコスタントはうまくいかないのではないかと感じた。そこでシモンズに、「世界クラスの数学者が次々に挑戦しては失敗してきた。時間を無駄にするな」と忠告した。それがかえってシモンズを奮い立たせたらしい。着手からわずか二年後の一九六二年に、湾曲した多次元空間の幾何について論じた博士論文『ホロノミー系の推移性について』を完成させたのだ（シモンズは素人に説明するときでも、ホロノミーを「湾曲した多次元空間内の閉じた曲線上での接ベクトルの平行移動」と定義することが多かった。確かに間違ってはいないが……)。ある一流学術誌にその論文の掲載が認められ、シモンズはMITで名誉ある三年間の教職に就くことができた。

シモンズはバーバラと赤ん坊のエリザベスを連れてケンブリッジに戻る計画を立てながらも、将来に疑問を感じるようになっていった。あと何十年か研究して、教えて、さらに研究して、さらに教えて、という具合に、完全にレールが敷かれているように思えてしまったのだ。シモンズは数学を愛していたが、一方で新たな冒険も欲していた。周囲の疑念をはねのけて不利な状況を克服することが生き甲斐だったし、自分を邪魔するものは何もないと思っていた。わずか二三歳でシモンズは、人生の意味を見失いそうになったのだ。

ある日、シモンズは自宅でバーバラに、「これでいいんだろうか? 俺は一生こうしていくんだろうか? もっとやることがあるはずだ」とこぼした。

MITで教職に就いてから一年後、シモンズは将来の不安に押しつぶされそうになっていた。そこで再びボゴタを訪れ、コロンビア出身の学友エスケナージとメイヤーに、何か事業を立ち上げられないかと持ち掛けた。するとエスケナージが、MITの寄宿舎の床に敷かれていたアスファルトのきれいなタイルを思い出して、ボゴタの床材は質が悪いと不満をこぼした。シモンズの知人に床板を作っている人がいたため、三人はこの地に、ビニールタイルと塩ビ管の製造工場を開くことにした。資金の大半はエスケナージの義父ビクトル・シャイオが提供してくれたが、シモンズとその父親も少し出資した。

経営が軌道に乗りそうだったため、シモンズはたいして手を出す必要はないと思い、学問の世界に戻って一九三六年にハーバード大学で研究職に就いた。二つの科目を教え、うち一つは、幾何学で重要になるはずだとにらんでいた、偏微分方程式に関する上級の大学院科目だった。シモンズは偏微分方程式にあまり詳しくなかったが、教えることが自分にとっても良い勉強になると思った。学生たちには、自分はこのテーマについて君たちよりも一週間くらい先に学んでいくだけだと正直に言って、笑いを誘った。

シモンズは肩肘張らない熱心な教え方で人気の教授だった。たびたび冗談を挟んだし、多くの教授と違ってジャケットやネクタイはめったに身につけなかった。しかしその陽気そうな外見の裏では、プレッシャーが積もり積もっていった。研究はなかなか進展しなかったし、ハーバードの教授陣にも馴染めなかった。エスケナージらが建設中の床タイル工場に出資するために自分も借金をしていたし、両親にも、出資のために自宅を抵当に入れさせていた。そこで収入の足しにしようと、近くのケンブリッジ・ジュニア・カレッジでさらに二つの科目を教えはじめ、ますますストレスを募らせたが、友人や家族には隠していた。

シモンズはお金のために必死で働いたが、それは借金を返すためだけではなかった。真の裕福さというものを心から欲していたのだ。高級品を買うのが好きだったが、金遣いが荒いわけではなかった。バーバラもお金のことでとやかく言わず、高校時代の服をそのまま着ていることも多かった。シモンズを掻き立てたのは、また別の動機だったようだ。世界に何かしらインパクトを与えたいと思っているのではないか、そう友人たちは勘ぐっていた。富があれば独り立ちして影響力を発揮できると、シモンズは思っていたのだ。

「ジムは若い頃から、お金が力になることをわきまえていました。他人の力に従うのは嫌がっていました」とバーバラは言う。

ハーバード大学の図書館で腰を掛けると、それまでの人生に対する疑念が再び浮かび上がってきた。シモンズは考えた。何か別の仕事をしたらもっと満足感と刺激が得られて、もしかしたらある程度の富も手に入るかもしれない。少なくとも借金を返せるほどには……。

積もり積もるプレッシャーに、ついにシモンズは耐えきれなくなった。そして新たな道へ進む決心をした。

第2章

人生は失業で好転する

Q　数学の博士号と大きなピザの違いは？
A　大きなピザは一家四人の食い扶持になる

国防分析研究所での暗号解読

一九六四年、シモンズはハーバード大学を退職し、対ソ連の冷戦を支援するある情報活動グループに加わった。政府から与えられる任務に取り組むと同時に、自分の数学の研究も続けられるとのことだった。またそれと同じくらい重要なのが、給料がそれまでの二倍になって、借金を返しはじめられるようになったことだった。

シモンズを招いたのは、ニュージャージー州プリンストンにある国防分析研究所（IDA）の一部門。一流大学出身の精鋭の数学者を雇っていたこの研究機関は、アメリカでもっとも秘密のベールに覆われた最大の情報機関、国家安全保障局（NSA）を支援するために、ソ連の暗号の検知と解読に取り組んでいた。

シモンズが加わった頃、IDAは混乱のさなかにあった。一〇年以上前から、ソ連の高度な暗号を解読できないことがしばしばあったのだ。シモンズが属した通信研究部門に与えられた任務は、アメリカの通信のセキュリティーを守ると同時に、手強いソ連の暗号を解読することだった。このIDAでシモンズは、一見したところ無意味なデータの中にパターンを見いだして解釈するための数学モデルを導く術を学んだ。そうして使いはじめた統計解析と確率論という数学的道具が、のちにシモンズの仕事に影響をおよぼすこととなる。

暗号を解読するには、初めに戦略を立てる。次にアルゴリズム（コンピュータに実行させる一連のステップ）を組み立てて、その戦略を検証、実装する。シモンズはコンピュータプログラムの設計はとても苦手だったため、実際のコーディングは部内のプログラマーに頼るしかなかったが、それ以外の技術には磨きをかけ、のちの人生でそれが本領を発揮することとなる。

「アルゴリズムを作ってコンピュータで確かめるのが好きなんだって気づいた」とのちにシモンズは語っている。[1]

シモンズは着任早々、超高速の暗号解読アルゴリズムの開発に力を貸し、研究所の長年の課題を解決した。それからまもなくのこと、ワシントンの情報活動の専門家が、ソ連が間違った設定で暗号を送信した例を一つだけ発見する。シモンズと二人の同僚はその手違いに目をつけて、敵のシステムの内部構成に関する貴重な事柄を見抜き、そこにつけ込む方法を編み出すのに一役買った。この成果によってシモンズは諜報《ちょうほう》の世界でスターとなり、チームはワシントンDCに呼ばれて国防省の高官から直々に感謝を伝えられた。

この新たな仕事には一つだけ問題があった。自分の業績を組織外の人に伝えることができなかったのだ。研究所員は秘密厳守を誓わされた。IDAの仕事を政府が分類《クラシファイ》するのに使った言葉、それはまさに「機密《クラシファイド》」だった。

シモンズが仕事から帰ると、バーバラはいつも「今日は何をしたの？」と尋ねた。シモンズの返事は決まって、「ああ、いつもどおりだよ」だった。しばらくするとバーバラはもう訊かなくなった。

シモンズは、才能のある研究者を引き抜いて部署内で管理する独特の方法に目を見張った。ほとんどが博士号を持つ所員たちは、何か特定の専門的技能や知識でなく、知力と創造力と志の高さを理由に雇われていた。研究者に求められていたのは、取り組むべき問題を自分で見つけることと、それを解決できるほどに賢いことだった。熟練した暗号解読者だったレニー・バウムは次のようなフレーズを作り、それが研究所のスローガンとなった。

「悪いアイデアは良い。良いアイデアはすごく良い。アイデアがないのはとんでもない」

「いわばアイデアの工場だった」と、副部門長のリー・ニューワースは言う。ニューワースの娘ビビは、のちにブロードウェイとテレビのスターとなった。

研究者が所外の人と研究について話し合うことはできなかった。しかし所内では、互いに平等かつ率直に意見を交換できるよう部門が組織されていた。二五人ほどの所員のほとんど（全員が数学者または工学者）には、「技術スタッフ」という同じ肩書が与えられた。チームはつねに成果を分かち合い、何か厄介な問題の解決法が見つかるたびに集まってはシャンパンで乾杯した。研究者たちはほぼ毎日、互いのオフィスを行き来しては、手を貸したり話を聞いたりした。午後のお茶に集まると、ニュースについて議論したり、チェスをやったり、パズルに挑んだり、囲碁を打ったりした。

シモンズは夫妻で定期的にディナーパーティーを開き、バーバラが作ったラムたっぷりのフィッシュハウスパンチでIDAの所員たちは酔っ払った。大金を賭けたポーカー大会が翌朝まで続き、たいていシモンズが同僚の現金をつかみ取って勝ち逃げするのだった。

ある晩、所員たちがやって来たが、シモンズの姿がどこにもなかった。

するとバーバラが、「ジムが捕まってしまったの」と告げた。

おんぼろのキャデラックで何度も駐車違反切符を切られ、度重なる出頭命令を無視したために、警察に収監されたのだ。そこで、仲間の数学者が何台かの車にぎゅうぎゅう詰めに乗り込んで警察署へ向かい、お金を出し合ってシモンズを保釈させた。

IDAには、型破りの考え方をする人や規格外の個性の持ち主が大勢いた。一つの大部屋に、所員のためのパソコンが一〇台ほど並んでいた。ある朝、警備員がその部屋で、バスローブだけをまとった暗号学者を見つけた。家から追い出されて、コンピュータルームで寝泊まりしているのだった。またある日の夜遅く、一人の所員がキーボードを叩いているのに誰かが気づいた。驚くことにその所員は、手の指でなく、においのする裸足の爪先でタイプしていた。

「本当にひどいにおいだった。実に不快だった。みんな怒っていたよ」とニューワースは言う。

頓挫した起業と研究者としての成功

シモンズは同僚たちと協力してソ連の秘密を暴く傍らで、自身の秘密も育んでいた。当時、コンピュータの性能が上がりつづけているというのに、証券会社は新技術をなかなか取り入れようとせず、経理などは依然として分類カードを使う方法に頼っていた。そこでシモンズは、証券業界に革命を起こすかもしれないアイデアとして、電子的に株式を分析して取引する企業を立ち上げようと決めた。当時二八歳のシモンズは、ＩＤＡ一のプログラマーで上司のディック・ライブラーにこのアイデアを持ちかけた。そうして二人は会社を立ち上げることで意気投合し、社名をiＳｔａｒと決めた。

トップシークレットの体制に慣れ親しんでいた二人は、秘密裏にその会社の立ち上げに取り組んだ。ところがある日、ニューワースがその計略を嗅《か》ぎつけた。そして、二人が抜けてしまったら研究所が内部崩壊しかねないと思い、慌ててライブラーのオフィスに駆け込んだ。

「どうしてお前たちは辞めようとしてるんだ？」

「どこで知ったんです？　ほかに誰が知ってるんですか？」とライブラーは聞き返した。

「みんな知ってる。コピー機にお前たちの事業計画の最後のページが残ってたんだぞ」

二人の計略は、007というよりもコメディードラマ『それ行けスマート』に近いものだったのだ。

結局シモンズは、事業の立ち上げに必要なだけの資金を集められず、起業のアイデアをあきらめた。しかし大きくつまずいたとは思っていなかった。以前から熱中していた微分幾何学の一分野である「極小代数多様体」に関する研究が、ようやく前進したからだ。

物理学、生物学、金融学、社会学など多くの分野で使われている微分方程式は、ある数量の微分、つまりその相対的な変化率を記述している。物体にかかる正味の力がその物体の質量と加速度との積に等しいことを示す、アイザック・ニュートンの有名な物理方程式は、加速度が時間に対する二次微分であるため、一種の微分方程式である。時間と空間の両方に対する微分係数を含む方程式は、偏微分方程式と呼ばれ、弾性や熱や音などを記述するのに使われる。

偏微分方程式の幾何学への応用として重要なものの一つが、極小代数多様体の理論で、シモンズはＭＩＴの教職一年目からずっとその理論に的を絞った研究をしていた。この分野における典型的な実例が、針金で作った枠を石鹸《せっけん》液に浸して引き上げたときに、針金のあいだに張った石鹸膜が作る曲面である。その曲面は、同じ針金の枠を境界とするすべての曲面の中で極小の面積を持つ。一九世紀に石鹸膜を使って実験をしたベルギー人物理学者のジョゼフ・プラトーは、「そのように極小の面積を持つ曲面は必ず存在するのか、そして、針金の枠がどんなに複雑でねじれていてもその曲面は滑らかで、すべての点が同じように見えるのか」という問題を提起した。プラトーの問題と呼ばれるようになったこの問いに対する答えは、少なくとも通常の二次元曲面については「イエス」で、一九三〇年にニューヨークのある数学者が証明した。そこでシモンズは、もっと高次元の極小曲面（幾何学者は極小代数多様体と呼ぶ）でも同じことが言えるのかどうかを知りたいと思っていた。

理論的な問題に集中する数学者は、何年ものあいだ、歩いているときも眠っているときも、さらには夢を見ているときも、ずっと自分の研究に没頭していることが多い。「抽象数学」や「純粋数学」と呼ばれるこのたぐいの数学に触れたことのない人だと、そんなの無駄だと片付けてしまいがちだ。だがシモンズは、高校生のようにただ単に方程式を解こうとしていたのではない。普遍的な原理や法則や真理を発見してそれを数式で表すことで、極小代数多様体という数学的物体に対する理解をもっと深めようとしていたのだ。アルベルト・アインシュタインは、この世界には自然の秩序が存在すると説いた。シモンズのような数学者は、その構造の証拠を探しているのだといえる。とくに、この宇宙に秘められた自然の秩序に関する事柄を明らかにするような研究には、真の美しさが備わっている。そのような理論は、宇宙に関する理解を深めさせるだけでなく、何年もたってから実用的に応用されることも多い。

シモンズは、三次元においてこの問題を解いた、ほど近いプリンストン大学の教授フレデリック・アルムグレンJr.と議論を重ね、ブレークスルーを成し遂げた。シモンズが独自に編み出した偏微分方程式は、サイモンズ方程式と呼ばれるようになり、これを使って六次元における統一解が導かれた。またシモンズは、七次元における反例も提案した。のちに、フィールズ賞受賞者のエンリコ・ボンビエリら三人のイタリア人が、その反例が正しいことを証明した。

一九六八年にシモンズが発表した論文『リーマン多様体における極小代数多様体』は、幾何学者にとって基礎をなす論文となり、関連分野でも重要な役割を果たして、その重要性を裏打ちするようにいまでも引用されつづけている。これらの業績によってシモンズは、世界でも傑出した幾何学者の一人としての地位を確立した。

数学を使って株式取引を分析する

シモンズは暗号解読と数学で成功を収めながらも、新たな稼ぎ方を探しつづけた。IDAは研究者に仕事上の自主裁量をかなり与えていたので、シモンズは株式市場の分析に時間を割いた。そしてバウムおよび二人の同僚と、新たなタイプの株式トレーディングシステムを開発した。この四人組はIDAに『株式市場の動向の確率論的モデルとその予測』という内部機密報告書を提出し、その中で提案したトレーディング手法を使えば五〇パーセント以上の年間収益を上げられると主張した。

シモンズらは、ほとんどの投資家が注目する所得や配当や企業発表といった基本的な情報を「市場のファンダメンタルな経済統計」と呼び、それらを無視した。そしてその代わりに、市場の短期的動向を予測できる少数の「マクロ変数」を探すよう提案した。彼らは、市場は最大で八つの基本的「状態」を取ると仮定した。たとえば、株価が平均よりも大きく動いている「高変動」の状態や、株価がおおむね上昇している「良い」状態などである。

中でももっとも独特なのが、次のような点だった。この報告書は、それらの状態を経済理論など従来の方法で特定したり予測したりしようとはしていないし、なぜ市場が特定の状態を取るのかを明らかにすることも目指してはいない。シモンズらは、観察された株価データにもっとも良く合致する状態を数学を使って特定し、それに応じてモデルに基づいて取引をすればよいと考えた。理由はどうでもよく、重要なのは推定された状態を活用するための戦略であると、彼らは提唱したのだ。

大多数の投資家にとっては聞いたこともない方法論だったが、ギャンブラーなら十分に理解できたはずだ。ポーカーのプレイヤーは、相手の振る舞いを見てどんな気分でいるかを推測し、それに従って戦略を調節する。相手が惨めな気分だったらある戦法を取り、浮かれて自信過剰になっていたら別の戦法が最適だ。相手の気分につけ込む上で、相手が憂《ゆう》鬱《うつ》だったり元気だったりする理由を知る必要はない。気分そのものを見極めれば十分だ。シモンズと仲間の暗号解読者たちは、隠れマルコフモデルと呼ばれる高度な数学の道具を用いて、株価の予測でもそれに似た方法論を提案した。ギャンブラーが相手の下す決定に基づいてその相手の気分を推測するのと同じように、投資家も株価の動向から市場の状態を推定できるかもしれないということだ。

シモンズの報告書は、一九六〇年代後半という時期を考えてもなお粗削りだった。いくつか素人っぽい仮定が置かれていて、たとえば、このモデルには毎日大量の取引が必要でありながら、取引は「理想的な条件のもとで」おこなわれて取引コストはかからないという前提に基づいていた。それでもこの報告書は第一歩ととらえることができる。それまでほとんどの投資家は、基本的な経済的理由に基づいて株価の動きを説明したり予測したりするか、さもなければ、過去の株価の動きを表したグラフなどを使って反復的なパターンを発見する、単純な「テクニカル分析」をおこなっていた。しかしシモンズらは、テクニカル分析に似ているがもっとずっと高度で、数学と科学の道具に頼った第三の方法論を提案した。一連の「シグナル」を導いて、そこから今後の市場動向に関する有用な情報を得られると説いたのだ。

シモンズと仲間たちは、株価は多数の入力データを持つ複雑なプロセスによって決まり、その入力データの中には、特定するのが難しいかまたは不可能で、従来のファンダメンタル要因とは必ずしも関連していないものもあると提唱した。しかし、そのような提案をしたのは彼らだけではなかった。同じ頃、シカゴ大学のノーベル賞受賞者で現代ポートフォリオ理論の父であるハリー・マーコウィッツが、証券価格にアノマリー（変則的な特徴）を探していた。数学者のエドワード・ソープも同じことに取り組んでいた。ソープはのちに、初期のタイプのコンピュータトレーディングを試みて、シモンズに先んじることとなる（詳しくはのちほど説明する）。

シモンズも彼らとともに先駆者の一人だった。シモンズらは、市場という機械を動かしているレバーを残らず把握する必要はなく、重要なのは、それらと合致していてつねに収益を生み出す数学的なシステムを見つけ出すことであると論じた。この考え方が、何年ものちにシモンズのトレーディングの方法論に取り入れられることとなる。彼らのモデルは、観測不可能な状態に基づいたモデルを用いる「ファクター投資」などの定量的投資を含め、何十年かのちに投資の世界に吹き荒れることとなる金融革命を先取りしていた。

突然の解雇

一九六七年、シモンズはＩＤＡで成功していた。ロシア人と知恵比べをし、数学の研究を進め、優秀な人材を操る術を学び、コンピューティングのパワーの理解を深めていた。とくに注目すべきが、同僚たちのアイデアの中からもっとも有望なものを見抜く能力だった。「あいつはすごく耳が肥えていた」とニューワースは言う。「自分が良いアイデアを思いつけるからといって、他人が良いアイデアを思いついたときにそれに気づけるとは限らない。……馬糞の山の中にポニーが埋まっていても、あいつなら見つけ出せたはずだ」

当時、ライブラーが引退の相談を進めていて、シモンズが新たな副部門長の候補に挙がっていた。昇給と昇進が手の届くところにあるかに思われた。

ところがベトナム戦争で状況が一変する。その年の秋、国中で抗議運動が巻き起こり、プリンストン大学のキャンパスも例外ではなかった。大学新聞『デイリー・プリンストニアン』に真実を訴える一本の記事が掲載されたことで、プリンストンのほとんどの学生は初めて、大学の近くに国家安全保障局を支援する部局があることを知った。シモンズや同僚たちは戦争に関連する仕事はしていなかったし、所員の多くはベトナム戦争に強く反対していた。その夏、ジムとバーバラの娘リズが泊まりがけのキャンプに行ったとき、友達はみな親からキャンディーを持たされていたのに、リズはピースマークのネックレスをつけさせられていたくらいだった。

彼ら暗号解読者はベトナム戦争に不満だったが、プリンストンの学生たちはお構いなしに抗議運動を繰り返し、ＩＤＡの入り口を座り込みで封鎖したりした。ついには建物のあちこちが壊されて、ニューワースの車には生卵が投げつけられ、ニューワースは「子殺し」呼ばわりされた。[2]

ベトナム戦争に関する議論が過熱する中、『ニューヨーク・タイムズ』日曜版の一面に、マクスウェル・Ｄ・テイラー将軍の意見記事が掲載された。叙勲された退役軍人で、かつて統合参謀本部議長を務め、ジョン・Ｆ・ケネディ大統領にベトナムへの派兵を進言したテイラー将軍は、その記事の中で、アメリカはこの戦争に必ず勝利するので、国中が団結すべきだと力強く訴えた。

それを読んでシモンズは辟易《へきえき》した。ＩＤＡの所員全員が戦争を支援しているという印象を、読者に抱いてほしくなかったのだ。そこで『ニューヨーク・タイムズ』に宛てて、ベトナム戦争の遂行よりもふさわしい国家のリソースの使い道があると論じる、長さ六パラグラフの手紙を送った。

「ハノイを爆撃するよりも、ワッツ〔ロサンゼルスの黒人の多い地区で一九六五年に暴動が起こった〕を再建したほうが、この国は強くなるだろう。ベトナムの橋をことごとく破壊するよりも、わが国の東海岸沿いにまともな交通機関を建設するほうが、われわれは強くなるだろう」

新聞にこの手紙が掲載され、シモンズは大満足だった。同僚からの反発はほとんどなかったし、テイラーが少々の意見の違いなら受け入れることも分かった。しばらくすると、戦争に反対する国防省職員を取り上げた記事を書いていた『ニューズウィーク』誌の特約記者から問い合わせが来て、どうやって自分たちの良心の呵責《かしゃく》を紛らわせているのかと尋ねられた。そこでシモンズは、自分も同僚も半分の時間を個人的なプロジェクトに割いていて、政府のプロジェクトにはその残りの時間を充てていると答えた。さらに、自分は戦争に反対しているので、戦闘が終わるまではすべての時間を自分の数学の研究に捧げ、終結したら辻褄合《つじつま》わせのために国防省の仕事だけをするつもりだと伝えた。

しかし実際には、国防の仕事をすべて棚上げにすると正式に決めていたわけではなかった。それはあくまでも個人的な目標であって、世間に公表すべきではなかっただろう。

「そのとき二九歳だった。それまで取材なんて受けたことなかった。……うぬぼれちまったんだ」とシモンズは弁解する。

シモンズから取材のことを聞かされたライブラーは、テイラーに次号の『ニューズウィーク』に注目してくれと伝えた。しばらくするとライブラーが、困った知らせを持ってシモンズのところにやって来た。

「お前はクビになったよ」

「何だって？　クビにはできないはずだ。俺は常勤職員だぞ」とシモンズは突っかかった。

「ジム、常勤職員と臨時職員の違いは、臨時職員は契約を結んでいるっていうことだけだ。お前は契約を結んでいない」

シモンズは愕然《がくぜん》として日中に帰宅した。しかし三日後、リンドン・ジョンソン大統領がアメリカの爆撃作戦の中断を発表し、終戦の兆しが見えてきた。このニュースを知ったシモンズは、これで仕事に復帰できると思った。ライブラーも、気にしないで戻ってきてほしいと言ってくれた。

シモンズにはすでに子供が三人いた。次に何をしようか見当が付いていなかったが、唐突に解雇されたことで、将来をある程度自分で決められるようにしなければならないと悟った。しかし、どうすればいいかはよく分からなかった。極小代数多様体の論文が注目を集めはじめていて、いくつかの大学やＩＢＭなど企業からも誘いを受けていたが、すべて辞退していた。友人で同じく数学者であるレナード・チャーラップには、数学を教えるのはあまりにも退屈そうだとこぼした。そして、証券会社に就職して転換社債を売ろうかと思っていると打ち明けた。チャーラップが「転換社債って何だい」と尋ねると、シモンズは長々と説明しはじめた。チャーラップはがっかりした。シモンズは世界有数の若手数学者であって、ウォール街の最新商品を売り歩くような人間ではなかったのに。

「バカバカしい。お前の理想の仕事は何なんだ？」とチャーラップは問いただした。

シモンズは、どこかの大学で規模の大きな数学科を率いたいが、自分は若すぎるのでふさわしい人材のあてがないと打ち明けた。するとチャーラップは、「なら考えがある」と持ちかけてきた。しばらくするとシモンズのもとに、ニューヨーク市から一〇〇キロほど離れたロングアイランドにある公立大学、ニューヨーク州立大学ストーニーブルック校の校長ジョン・トールから一通の手紙が届いた。五年前からこの大学は、数学科を率いる人物を探していたのだ。だが、この大学の評判といったら、キャンパスでドラッグが使われているという問題くらいだった。[3]

「聞いたことがあったのは、そこで何度か麻薬捜査があったということだけでした」とバーバラは言う。

トールはそんな状況を変えようと心に決めていた。ニューヨーク州知事ネルソン・ロックフェラーに引き抜かれた物理学者として、一億ドルの州政府予算でこの大学を「東のバークレー」にするための活動を率いていたのだ。すでに物理学者でノーベル賞受賞者のチェン・ニン・ヤンを引き抜いており、このときには数学科を復活させることに焦点を絞っていた。トールはシモンズに、誰の指図も受けずに好きなように数学科を編成してかまわないという誘い文句とともに、数学科長になってほしいと持ちかけた。

「引き受けよう」とシモンズはトールに答えた。

「キラー」を集めて数学科を立て直す

一九六八年、三〇歳のシモンズは一家でロングアイランドへ引っ越し、新たな教授陣を集めて数学科の構築を始めた。真っ先に目を付けたのが、一年前に数論の研究で栄誉あるコール賞を受賞したコーネル大学の数学者、ジェームズ・アックスである。そんな切れ者がアイビーリーグの有力校を捨てて、ストーニーブルックのような無名の大学にやって来るなどとはとうてい思えなかった。アックスには妻と幼い息子が一人、そしてコーネル大学での明るい未来があった。しかし、シモンズとアックスはバークレーの大学院生時代に互いに親しくしていて、いまだに連絡を取り合っていた。そこでシモンズはいくらかの期待を胸に、バーバラを乗せて車を北西へ五時間走らせ、ニューヨーク州イサカでこの年下の数学者と会った。

シモンズは、給料を大幅に上げると約束してアックスを口説いた。さらに、アックス一家をストーニーブルックの自宅へ招き、近くのブルックヘブンにあるロングアイランド湾沿いのウエストメドー・ビーチへ車で連れていって、その美しい風景で気持ちをなびかせようとした。イサカへ戻ったアックスとその妻（名前はシモンズの妻と同じくバーバラ）のもとには、ストーニーブルックの温暖な気候を思い出させる玉石などの品が詰まった小包が届いた。

アックスがなかなか腹を決めてくれなかったため、シモンズは苛立ちを募らせた。ある日など、テニスウエアでストーニーブルックのオフィスに入ってきて、ラケットを床に叩きつけ、「これ以上ごますりしなきゃいけないんなら、こんな仕事辞めてやる」と同僚に吐き捨てた。それでも拝み倒した甲斐があった。アックスはストーニーブルックに加わった最初の有名人教授となったのだ。

「夫はシモンズのあの手この手に根負けしたんです」とバーバラ・アックスは言う。

アックスが決断したことで、シモンズは真剣であることが世間に伝わった。シモンズはほかの大学に触手を伸ばすたびに勧誘の技を磨き、ターゲットの数学者を誘い込むには何をすればいいか考え抜いた。お金を重んじる相手には昇給を提示し、自身の研究に集中したい相手には、講義の負担を軽くし、休暇を増やし、研究を惜しげなく支援し、苛立たしい管理業務を減らそうと約束した。

シモンズが目を付けたある人物が、「ジム、私はどの委員会にも所属したくない」と言ってきた。

するとシモンズは、「なら図書委員会はどうだい？　一人だけの委員会さ」と持ちかけた。

有能な候補者を誘い込むにつれて、シモンズは才能ある人物について独自の見方を取るようになっていった。ストーニーブルック校の教授ハーシェル・ファーカスに話したところによると、一つの事柄に集中して、答えにたどり着くまで数学の問題を解くことをあきらめないような「キラー」を、シモンズは高く買っていた。別の同僚には、「超優秀」でも独自の考え方をしないような学者はこの大学にはふさわしくないと語った。

「学者は大勢いるし、本物も大勢いる」

シモンズはIDAのときと同じく、誰もが平等な立場にあって刺激を与え合うような環境作りに力を尽くした。教授たちが楽しい日々を送れるよう、講義の負担をある程度抑え、またロングアイランド湾に係留してある購入したばかりの全長二三フィート〔約七メートル〕の船に夫妻で同僚たちを招待した。シモンズは一部の一流学者と違って、同僚との交流を楽しんだ。IDAのときと同じように、ほかの教授のオフィスへ立ち寄っては、どんな研究に取り組んでいるのか、何かしてほしいことはないかと尋ねて回った。

「同僚の幸せを考えてくれるような人なんてそうそういないよ」とファーカスは言う。

シモンズは数学者や学生に気を遣わせないために、大学内の誰よりもラフな恰好をしていた。ニューヨーク州の凍える冬にも靴下はめったに履かず、その習慣は八〇代になるまで続けることとなる。

「靴下なんて履いていてたら時間がもったいないって気づいたんだ」とシモンズは言う。

シモンズとバーバラは毎週のようにパーティーを開き、招かれた学者や芸術家や左翼の知識人は靴を脱いで、シモンズ家の白くて毛足の長いカーペットの上で歓談し、ドリンクを片手に政治やその日の話題についておしゃべりをした。

そんなシモンズもいくつか過ちを犯した。たとえば、のちにフィールズ賞を受賞することとなる若いシン＝トゥン・ヤウがテニュア（終身在職権）を求めてくると、ヤウを大学から追い出してしまった。それでも世界トップクラスの幾何学研究の拠点を築き、アメリカ屈指の才能の持ち主を見つけては誘い込んで操る術を身につけながら、計二〇人の数学者を雇い入れた。

バーバラとの別れ

数学科が拡充する一方で、シモンズの私生活は崩れはじめた。

シモンズのカリスマ性に惹かれて、さまざまな学生が四六時中オフィスを訪ねてきた。極小代数多様体の研究で称賛を集め、学科長としての力をつけるにつれて、シモンズの性のモラル、そして自制心はどんどん緩んでいった。当時のベストセラー『オープン・マリッジ』は、世の夫婦に、結婚生活から時代遅れの理想を削《そ》ぎ落として婚姻外の性的関係に手を出すようけしかけていた。また女性解放運動によって、女性は伝統的なドレスや、さらには一夫一婦制まで、社会のさまざまな足枷《あしかせ》を捨てるよう促された。「秘書たちは誰が一番短いスカートを穿《は》いてくるか競い合っていたらしい」とストーニーブルック校の教授チャーラップは振り返る。

このときシモンズは三三歳、またもや現状に不満を抱いていた。すると、数学科の魅力的な秘書と浮気したという噂が広まった。また、女性教授について無礼な冗談を一度ならず言い、同僚たちを驚かせた。

その頃バーバラは、夫の業績に気後れを感じ、若いうちに結婚して母親になったせいで自分の学者人生が終わったのだと思って落ち込んでいた。賢くて大志もあったのに、一八歳で結婚して一九歳で娘を産んだのだ。

「罠《わな》にはまったような気がしました」とバーバラは言う。

ある日、シモンズは、自分が呼び寄せて面倒を見ていた年下の同僚がバーバラと関係を持っているという噂を聞いて、慌てふためいた。また一人の同僚は、あるディナーパーティーの席でこんなことがあったと記憶している。酔っ払ったシモンズが誰かから、「どうしてそんなにいらいらしてるんだ」と声を掛けられると、「バーバラとは理想的な関係じゃなかった。俺はあんまり妻に尽くせていないようだ」と言って、壁を殴りつけたのだという。

そこでシモンズは、カリフォルニア大学ロサンゼルス校で一年間のサバティカルを過ごし、文化的現象になりつつあったプライマル・セラピーを受けることにした。この療法では、子宮から出てきている最中の新生児に戻り、悲鳴を上げるなどして、抑圧されている「原初的な《プライマル》」痛みを声に出す。夜中にときどき叫び声を上げて飛び起きることのあったシモンズは、このプライマル・セラピーに興味を惹かれたのだ。

しかしこの療法を数週間受けたところで、シモンズは考えを改めた。療法士から、マリファナをやればもっと良くなるかもしれないと言われたところで、きっぱり足を洗ったのだ。〝きっといかさまだ〟

東海岸に戻ってきたシモンズは、その年をプリンストンの高等研究所で過ごした。バーバラとの結婚生活は元に戻らず、最終的に二人は離婚した。

のちにバーバラはカリフォルニア大学バークレー校に入り、一九八一年に計算科学の博士号を取得する。その博士論文の中で、理論計算科学におけるある未解決問題を解決した。そしてIBMに研究員として入社し、コンピューティング分野で最大の教育研究団体であるACM（計算機学会）の会長に就任する。その後、コンピュータ投票のセキュリティーの問題に関するアメリカ有数の専門家として活躍するとともに、テクノロジーへの関心を世に示して、のちにシモンズと共有することとなる幅広い社会問題に取り組んだ。

「結婚するのが早すぎたんです。両親の言うとおりでした」とバーバラは言う。

チャーン－サイモンズ理論の誕生

一人きりでロングアイランドに戻ってきたシモンズは、三人の子供が家にいるときに手を貸してくれる住み込みのベビーシッターを探した。そしてある日、二二歳で金髪の美人、のちにストーニーブルック校の経済学の大学院生となるマリリン・ホーリーズを面接した。マリリンを雇ってまもなく、シモンズは彼女をデートに誘った。そしてしばらくのあいだ、断続的に関係が続いた。やがてマリリンはシモンズの家を離れて、ジェームズ・アックスの子供たちのベビーシッターとなり、アックス夫妻のつらい離婚の際に子供たちの支えとなった。バーバラ・アックスおよびその二人の息子ケビンとブライアンと一緒に暮らし、夜遅くまで家族とスクラブル〔文字を組み合わせて単語を作るボードゲーム〕で遊んだり、定番のマカロニチーズを作ったり、泣く子供たちに肩を貸したりした。

「マリリンは俺たちにとって天からの贈り物だった」とアックスの息子ブライアン・キーティングは振り返る。

そんな中、ジムとマリリンは恋愛関係を深めていった。マリリンは経済学の博士研究を進め、一方のシモンズは、かつてバークレーまで追いかけていったが大学を離れていた教授のシン－シェン・チャーンとともに、あるブレークスルーを成し遂げた。

シモンズは独力で、湾曲した三次元空間内の図形の定量化についてある発見をした。すると、その研究成果を見せられたチャーンは、このアイデアをすべての次元へ拡張できると気づいた。そして一九七四年、チャーンとシモンズは『特性形式と幾何学的不変式』という論文を発表し、その中で「チャーン－サイモンズ不変式」という概念を導入した。不変式とは、特定の種類の変形を施しても変化しない特徴のことで、このチャーン－サイモンズ不変式は数学のさまざまな分野で役立つことが明らかとなった。

一九七六年、三七歳のシモンズは、このチャーンとの研究や極小代数多様体に関する以前の研究が認められて、幾何学の分野でもっとも栄誉あるアメリカ数学会のオズワルド・ベブレン幾何学賞を受賞した。その一〇年後、理論物理学者のエドワード・ウィッテンらは、このチャーン－サイモンズ理論が物理学のさまざまな分野、たとえば物性物理学や弦理論や超重力理論に応用できることを発見する。さらに、新薬開発や人工知能といった、現在のコンピュータでは歯が立たないような問題を解決できる量子コンピュータの開発を進めるのに欠かせない手法として、マイクロソフトなどの企業がこの理論を利用するようになる。二〇一九年時点でチャーン－サイモンズ理論を引用した学術論文は数万本（一日あたり約三本）におよんでおり、数学と物理学におけるシモンズの地位は不動のものとなっている。

学問を捨て、投資の世界へ

シモンズは学者としての頂上にたどり着いた。ところがあっという間に数学から気持ちが離れ、どうしても新たな頂上に登りたくなった。

シモンズが友人のエドムンド・エスケナージおよびジミー・メイヤーと立ち上げた床タイルメーカーが、一九七四年に自社株の五〇パーセントを売却し、シモンズらオーナーにその売却益が転がり込んだ。するとシモンズは、エスケナージとメイヤーとビクトル・シャイオをけしかけて、かつてハーバードで自分と同じ科目を受講していたチャーリー・フライフェルドにそのお金を運用してもらったらいいと勧めた。シャイオがシモンズのために開設していたオフショア信託も、フライフェルドに投資した。

フライフェルドは大方の投資家とは異なる戦略を用いていた。経済統計などのデータから砂糖などのコモディティの価格を予測する、「経済計量学的」モデルを構築していたのだ。たとえば作物の収穫量が減少すると、フライフェルドのモデルは、作物価格の上昇が見込まれるとはじき出す。いわば初期型の定量的投資である。

砂糖の価格が二倍近くに上がってフライフェルドの戦術は功を奏し、彼らのパートナーシップの資産価値は一〇倍の六〇〇〇万ドルに跳ね上がった。だが投資者の中には、その思いがけない収益に意外な反応を示す人もいた。

「がっかりしたよ」と、シモンズの友人でコロンビア出身のメイヤーは言う。「お金は稼いだけど、俺たちのやっていることが社会にはいっさい還元されなかったんだ」

シモンズの反応はそれとはまったく違っていた。矢継ぎ早に利益が転がり込んできて、薬をやっていたかのようなかつてのトレーディングのことを思い出し、投機への欲望が再びあふれ出してきたのだ。しかもフライフェルドの投資スタイルには、シモンズらがＩＤＡで報告書にまとめた数学ベースのトレーディングシステムといくつか共通点があった。モデルを使った取引はきっとうまくいく、そうシモンズは思った。

「ジムは取り憑かれちまった」とメイヤーは言う。

シモンズは称賛を浴びたばかりだったが、いっとき数学から離れる必要があった。その頃、幾何学分野の新星として頭角を現しつつある愛弟子のジェフ・チーガーと協力して、幾何学的に定義されるπなどの数がほとんどすべて無理数であることを証明しようとしていた。だがなかなか進展せず、徐々に意欲を削がれて希望を失いつつあったのだ。

「もっと大きな問題があって、それを片付けられなかった。頭がおかしくなりそうだった」とシモンズは言う[4]。

私生活のごたごたにも向き合っていたのだ。マリリンとの関係は深まっていったが、バーバラと離婚したことにはいまだ心を痛めていた。マリリンと付き合ってから四年たったところで、ある友人にこう打ち明けている。プロポーズしようかと考えているが、今度こそ本当の関係を築けるかどうか自信がない、と。

「この人と出会ったんだ。本当に特別な人だ。でもどうしたらいいか分からない」

ジムはマリリンと結婚したものの、人生の進むべき道をまだ考えつづけていた。そこでストーニーブルック校での職務を減らして、自分の時間の半分を、シャイオが設立したファンドの通貨取引に割いた。そして一九七七年、通貨市場で収益を上げる機が熟したと確信した。世界中の通貨が次々と「変動相場制」に移行して、金価格への縛りがなくなり、イギリスポンドが急落したのだ。シモンズは、新しい流動的な時代の始まりを感じ取った。そこで一九七八年に大学を去り、通貨取引に的を絞った独自の投資会社を立ち上げた。

父親からは、テニュアの職をかなぐり捨てるなんて大間違いだと言われた。数学者たちはさらに大きな衝撃を受けた。それまで大方の数学者は、シモンズは別のことに興味があるとなんとなく感づいていただけだったので、大学を離れて四六時中トレーディングをするなどという発想には面食らったのだ。数学者はたいてい、お金とは複雑な関係にあるものだ。富が大事であることはわきまえているものの、多くの数学者は、金儲けなんて崇高な天職からの卑しい気の迷いだととらえている。シモンズにあからさまに釘を刺そうとする学者はいなかったようだが、貴重な才能を無駄遣いしようとしていると思った人は何人かいた。

「みんなあいつを見損なった。堕落して悪魔に魂を売っちまったんだと思ったよ」と、当時コーネル大学で教えていたルネ・カルモナは言う。

しかしシモンズは、学問の世界にけっしてしっくりきてはいなかった。幾何学を愛して数学の美しさを理解していたものの、お金への情熱、実業界への好奇心、そして新たな冒険への欲求が、彼を数学の世界から引き離したのだ。

シモンズはのちに次のように語っている。

「何をしていても、いつもよそ者みたいに感じていた。数学には没頭していたけど、けっして数学界の一員だとは感じられなかった。いつも片足は「数学の世界の外に」出ていたのさ」[5]

シモンズは、花形の暗号学者となり、数学の高みに上りつめ、世界クラスの数学科を築いた。しかもすべて四〇歳になる前に。そんなシモンズには、トレーディングの世界を征服する自信があった。何百年も前から投資家は市場を支配しようとしてきたが、大成功を収めた者はめったにいなかった。それでもシモンズはひるむことなく、またしても難題に情熱をほとばしらせたようだった。

「あいつは本当に、ふつうと違うこと、ほかの人が不可能だと思うことをやりたがった」と友人のジョー・ローゼンシャインは言う。

だがシモンズは、それが想像よりも難しいと気づかされることになる。

第3章

ゼロからのスタート

クビになるのはかまわない。
それが癖になるのが嫌なだけだ。
ジム・シモンズ

カオスの中に法則性を探す

一九七八年初夏、木々が立ち並ぶ広々としたストーニーブルック校のキャンパスを去ってから何週間かたった頃、シモンズはそこから道をたった数キロ下った場所にいた。しかしそこはキャンパスとは天と地ほど違っていた。

シモンズは、寂れた商店街の奥にある通り沿いのオフィスに座っていた。婦人服店の隣、ピザ屋の二軒隣、平屋建てのちっぽけなストーニーブルック駅から道を渡ったところだ。もともと商店として建てられたそのオフィスには、ベージュ色の壁紙が貼られ、コンピュータの端末が一台だけ置かれ、たびたび途切れる電話線が通っていた。窓からは「シープ・パスチャー・ロード（羊牧場通り）」という言い得て妙の名前の道がかろうじて見え、自分が幅広く称賛される立場から人目につかない立場へあっという間に落ちぶれたことを感じさせた。

四〇歳の数学者が四つめのキャリアを歩み出して、数百年の歴史を重ねる投資の世界に革命を起こせる見通しなんて高くはなかった。むしろ、何らかの歴史的ブレークスルーよりも、引退のほうに近づいているかのようだった。白髪交じりの髪が乱れ、肩の近くまで伸びていた。少し腹が出ているせいもあって、現代の金融学に乗り遅れた老教授のようにすら見えた。

シモンズは投資をかじったことはあったものの、それまで特別な才能を見せつけたことはなかった。シモンズと父親がチャーリー・フライフェルドの投資パートナーシップに賭けたお金は、フライフェルドが砂糖価格の急騰を言い当てたことで一〇〇万ドルほどに増えたが、すんでのところで大惨事に見舞われそうになった。フライフェルドが保有債券を投げ売りしてからわずか数週間後に、砂糖の価格が急落したのだ。フライフェルドもシモンズも下落など予想しておらず、ただ単に、かなりの収益になったら現金化しようと思っただけだった。

「信じられなかった。運が良かっただけだ」とシモンズは言う。[1]

それでもシモンズはなぜか自信をほとばしらせていた。それまでに、数学を征服し、暗号解読を成し遂げ、世界クラスの数学科を築いていた。そして今度は、投機の世界を支配できると確信していた。その理由の一つが、金融市場のしくみについて特別な何かを思いついたことだった。その頃、一部の投資家や学者は、市場のジグザクな動きはランダムであって、入手可能な情報はすでに価格の中に織り込まれており、価格を上下させるのは予測不可能なニュースだけであると考えていた。その一方で、価格の変動に反映されるのは、経済や企業に関するニュースを予測してそれに反応するという投資家の取り組みなのであって、その取り組みがときに実を結ぶのだと考える者もいた。

そんな中、違う世界からやって来たシモンズは独特の見方を取った。大量のデータを入念に調べ、ほかの人にはランダムに見えるところに秩序を見いだすことに慣れていた。科学者や数学者は、混沌《こんとん》とした自然界を掘り下げていって、思いがけない単純さ、構造、さらには美を探し出す訓練を受けている。そうして浮かび上がってくるパターンや規則性が、科学法則としてまとめられるのだ。[2]

シモンズは次のような考えに至った。市場は必ずしも説明可能かつ合理的な形でニュースや出来事に反応するわけではなく、そのため従来の分析や常識やひらめきに頼るのは難しい。それでも金融商品の価格は、市場がどれほど混沌として見えようが、少なくともいくつかのはっきりとしたパターンを示しているようだ。ちょうど、一見したところランダムな天気のパターンの中から、隠れた傾向を見つけ出せるのと同じように。

〝そこには何かしらの構造があるんじゃないだろうか〟とシモンズは考えた。

あとはそれを見つけるだけだ。

そこでシモンズは、金融市場をカオス系の一つとして扱うことにした。物理学者が自然法則を突き止めるために、膨大な量のデータをじっとにらんで的確なモデルを組み立てるのと同じように、シモンズも数学的なモデルを組み立てて金融市場の中に秩序を見いだそうとした。その方法論は、何年も前にIDAで仲間と一緒に編み出した戦略に似ていた。市場はさまざまな隠れた状態を取り、それらは数学モデルで特定できると論じたあの報告書だ。いまやシモンズは、その方法論を実世界で試すこととなった。

〝これをモデル化する何かしらの方法があるはずだ〟とシモンズは考えた。

シモンズは新たな投資会社の名称を、マネメトリクスと決めた。「マネー」(お金)と「エコノメトリクス」(計量経済学)を組み合わせた名前で、数学を使って金融データを分析しては、取引で収益を上げることを表していた。IDAでシモンズは、敵国ソ連の通信のノイズに隠された「シグナル」を特定するためのコンピュータモデルを組み立てていた。ストーニーブルック校では、才能のある数学者を見抜き、誘い込み、操っていた。そして今度は、市場データを詳しく調べてトレンドを見いだし、そこから収益を上げる公式を導くための、優秀なチームを雇うこととなった。

どこから手を付ければいいか、シモンズは考えあぐねていた。分かっていたのは、通貨市場が制約を解かれて、収益を上げられる可能性が開けたことだけだった。シモンズの頭の中には、設立間もない会社の共同経営者として理想的な人物が思い浮かんでいた。IDAで一緒に研究報告書を書いた一人で、カオス的な環境の中に隠れた状態を特定しては短期的な予測をおこなうことに時間を費やす数学者、レニー・バウムである。あとは、革命的で実績のないシモンズの方法論に人生を賭けてくれとバウムを説きつけるだけだ。

バウムの研究成果

レニー・バウムは一九三一年生まれ。ひどい貧困とユダヤ人差別から逃れるためにロシアからブルックリンへ渡ってきた移民の息子である。父親のモリスは一三歳のときに帽子工場で働きはじめ、最終的にその工場のマネージャー兼オーナーとなった。一〇代の頃のレニーは身長一八〇センチあまりで胸板が厚く、高校で一番足が速く、テニスチームのメンバーだったが、その繊細な手は、コートで対戦するよりも教科書のページをめくるほうが合っていた。

ある日、友人と近くのブライトンビーチにやって来たレニーは、快活で魅力的な若い女性が友人たちとおしゃべりしているのを目にした。その女性ジュリア・リーバーマンは、一九四一年、五歳のときにチェコスロバキアの小さな村から家族とともにアメリカに渡ってきた。大好きな人形を両手に抱えたまま、ヨーロッパからの最後の船でナチスから逃れてきたのだ。ニューヨークに到着しても、父親のルイスは何カ月も仕事を見つけられなかった。そこで近くの工場に潜り込んで、労働者の中に紛れ込もうとした。そしてたゆみなく働いたおかげで、従業員として認めてもらった。のちに家族の暮らす小さな長屋でコインランドリーを経営したが、一家はつねにお金に困っていた。

レニーとジュリアは恋に落ち、やがて結婚してボストンに引っ越した。レニーはハーバード大学に通い、一九五三年に卒業して、のちに数学の博士号を取得した。ジュリアはボストン大学をクラス四番目の成績で卒業してから、ハーバード大学で教育学と歴史学の文学修士号を取得した。バウムはプリンストンのIDAに加わって、暗号解読でシモンズを上回る成果を上げ、機密扱いながら部署でもっとも重要ないくつかの業績を上げたとして評価された。

「俺たち幹部が『ライフボート・オーダー』〔救命艇に乗り込む順番〕と呼んでいた序列の中で、レニーとあと何人かは間違いなくジムよりも順番が上だった」とリー・ニューワースは言う。

髪が薄くてあごひげを生やしたバウムは、シモンズと同じく、政府から与えられた任務をこなしつつ数学の研究を進めた。一九六〇年代後半には何度かの夏を費やして、廊下の先にオフィスを構える情報理論学者のロイド・ウェルチとともに、マルコフ連鎖を解析するアルゴリズムを編み出した。マルコフ連鎖とは、いくつもの出来事の連鎖の中で、次に起こる出来事の確率が、過去の出来事とは関係なく現在の状態のみに基づいて決まるたぐいのものである。マルコフ連鎖では未来の段階を確実に予測することは不可能だが、観察によって、起こりうる結果を推測することはできる。野球はマルコフゲームととらえることができる。スリーボール・ツーストライクのとき、どういう順番でそのカウントになったかや、何回ファウルになったかはどうでもいい。次の球がストライクになれば、バッターはアウトだ。

隠《い》れマルコフ過程とは、未知の隠されたパラメータや変数によって支配されているような出来事の連鎖のことである。連鎖の最終結果は分かるが、連鎖の過程を説明するのに役立つような途中の「状態」を知ることはできない。野球を知らない人は、各イニングの得点を刻々と伝えられても、何が起こっているのか見当もつかないだろう。このイニングは一点、次のイニングは六点といった感じで、はっきりしたパターンも認められないし、説明もできないからだ。投資家の中には金融市場を、音声認識のパターンなど複雑な出来事の連鎖と同じく、隠れマルコフモデルにたとえる人もいる。

バウム–ウェルチ・アルゴリズムを使うと、そのような複雑な連鎖における確率とパラメータを、その過程の出力のほかにはほとんど情報がなくても推測することができる。野球の試合の場合で言うと、バウム–ウェルチ・アルゴリズムを使えば、野球の知識がない人でも、どういう試合状況でこのような得点になったのかを推測できるかもしれない。たとえば得点が二点から五点に突然上がった場合、バウム－ウェルチ・アルゴリズムによって、満塁からの三塁打よりもスリーランホームランになる確率のほうが高いことが分かるかもしれない。このアルゴリズムを使えば、たとえルールがまったく分からなくても、得点の増え方から野球のルールをある程度推測できるのだ。

「バウム－ウェルチ・アルゴリズムを使えば、徐々に精確な確率値を導いていって最終的な答えに近づくことができる」とウェルチは説明する。

バウムはいつも自分の成果の重要度を控えめにとらえていた。しかしバウムのアルゴリズムは、コンピュータに自らの状態と確率を認識させるために使えることから、今日では機械学習における二〇世紀の重要な進歩の一つとして、ゲノミクスから天気予報までさまざまな分野で何百万人もの生活に影響を与えたブレークスルーの礎になったととらえられている。初の実用的な音声認識システムや、さらにはグーグルのサーチエンジンも、バウム－ウェルチ・アルゴリズムによって実現可能となったのだ。

シモンズの誘い

バウム－ウェルチ・アルゴリズムによってレニー・バウムは称賛を集めたものの、それ以外に書いた数百本の報告書のほとんどが機密扱いにされたことで、妻ジュリアは苛立ちを募らせていった。夫が認められておらず、しかるべき給料ももらっていないと思い込みはじめたのだ。子供たちも、父親が何をしているのかほとんど知らなかった。何度か尋ねたことがあったが、秘密の仕事としか答えてくれなかった。ただし、何をしていないかは教えてもらった。

ある日、ベトナム戦争をめぐって言い争いになると、バウムは娘のステフィーに、「父さんたちは爆弾は作っていないぞ」と念を押した。

バウムはシモンズと違って家に籠《こ》もりがちで、社会生活やポーカーや人との交わりにはほとんど時間を割かなかった。夜はたいてい、プリンストンにあるささやかな自宅でヒョウ柄の人工皮革のソファーに静かに座って、黄色いノートに鉛筆で殴り書きをしていた。とくに難しい問題に行き当たると、手を止めて遠くを見つめながら考え込んだ。学者バカというイメージにぴったりだった。あるときなど、あごひげを半分だけ残した状態で職場に現れ、ひげそりの最中に数学のことを考えていて気が散ってしまったのだと言い訳した。

バウムはＩＤＡでテニュアに就いているあいだに、視力が衰えつつあることに気づいた。診察の結果、網膜の錐体細胞が侵される錐体桿体ジストロフィーと診断された。テニスなど、目が良くないとできない活動は難しくなった。あるときなど、ネットのそばで真正面から頭にボールをぶつけてしまった。卓球でも同じことがあった。バウムの澄んだ青い瞳は、ボールを一瞬とらえたかと思うと、見失ってしまうのだった。スポーツはあきらめるしかなかった。

それでも驚くほど楽観的で、プリンストンのキャンパスの近くを一日三キロほど歩くなど、まだ楽しめる気晴らしに没頭した。以前のような鮮明な視力は衰えたものの、ありがたいことに読み書きはできたため、楽観的な気持ちが削がれることはけっしてなかった。子供たちが心配して声を掛けると、バウムはいつも微笑みながら、「放っておけ。ひとりでに解決する」と言うのだった。

しかし、シモンズがIDAを去ってストーニーブルック校の数学科を率いるようになると、バウムの家族は、家長が柄にもなく落ち込んでいるのに気づきはじめた。せっかく自分がソ連の暗号を解読してスパイを特定したのに、FBIが容疑者の逮捕に手間取っていると、バウムは苛立ちを表に出した。そして部署の未来に失望するようになり、もっと有能な職員を採用すべきだと指摘する内部メモを書いた。

その中で、シモンズの解雇について次のように記した。

「シモンズを失ったことは、われわれにとって明らかに深刻な事態である。数学者としての彼が必要だったし、彼の辞め方にも問題があった。シモンズは、国防の仕事に取り組んでいないとされた七カ月のあいだも、実際には国防に関する研究に、われわれ職員の何人かがここ数年でおこなったよりも多く取り組んでいた[3]」

一九七七年のある日、シモンズがバウムに声を掛け、ロングアイランドのマネメトリクスのオフィスで為替投機のためのトレーディングシステムの構築に一日手を貸してくれないかと頼んできた。バウムは笑いを抑えきれなかった。以前シモンズと理論的な報告書を書いたものの、トレーディングについてはほとんど何も知らなかったし、投資にもほとんど関心はなく、家計は完全に妻任せだった。それでも旧友のためにと、少々時間を割いてシモンズを手伝うことにした。

オフィスでシモンズは、まるで何かの数学の問題を説明するかのように、バウムの目の前でさまざまな主要通貨の日々の終値をチャートに記していった。そのデータをじっとにらんだバウムはすぐに、いくつかの通貨、とくに日本円が、ある期間にわたって直線状の安定した値動きをしているようだと気づいた。〝シモンズの言うとおりかもしれない。市場には何かしらの構造が備わっているんじゃないか？〟。円が安定的に上昇しているのは、日本政府が外国からの圧力を受けて「まさに日本流のやり方を取り」、日本の輸出産業の競争力が少しだけ下がるように円買いの市場介入をおこなっているためかもしれない、とバウムは推測した。いずれにせよ、さまざまな通貨の値動きを描き出して、そのトレンドに乗るための数学モデルを構築できるかもしれないというシモンズの考えには同調した。

バウムは週に一度、シモンズと働きはじめた。そして一九七九年、四八歳の頃には、シモンズのもくろみどおりトレーディングに没頭していた。大学で一番チェスが強かったバウムは、自分の知力を試す新しいゲームを見つけたと感じていた。そこでIDAから一年間の休暇をもらって、一家でロングアイランドに引っ越し、背の高い書棚が並んだビクトリア朝風の3LDKの家を借りた。視力がさらに下がっていたので、毎日、ジュリアが運転して夫をシモンズのオフィスまで送り迎えした。

市場を狙い撃ちする準備が整うと、シモンズはバウムに、「モデルを作れるかどうか試してみよう」と言った。

そこでバウムは、ある通貨が最近のトレンドラインよりも一定レベル下回ったらその通貨を買い、上回りすぎたら売るよう指示するアルゴリズムを、さほど時間をかけずに開発した。簡単な作業だったが、バウムは正しい道を進んでいるようで、シモンズは自信を深めた。

「レニーが加わってくれたことで、モデル構築の可能性が見えてきた」とのちにシモンズは語っている。[4]

ヘッジファンド「リムロイ」を立ち上げ

シモンズはジミー・メイヤーやエドムンド・エスケナージなど何人かの友人に、自分の新たなファンドに投資しないかと声を掛けた。そしてバウムに見せたのと同じチャートを示しながら、もしも過去数年にわたって、数学に焦点を絞った自分たちのトレーディング戦略を使っていたらどれだけ儲けられていたかを説明し、相手をあっと言わせた。

「あいつはこのチャートを持ってやって来て、きっとうまくいくと迫ってきた」とメイヤーは言う。

シモンズは目標の四〇〇万ドルまでは集められなかったものの、ファンドを立ち上げるのに必要な額はほぼ集まったし、自己資金もあった。そこで、その新たな投資ファンドをリムロイと名付けた。ジョゼフ・コンラッドの同名の小説の主人公ロード・ジムと、この新会社の送金を引き受ける、海外にあって税制面など数々の利点を持つバミューダ・ロイヤル・バンクとを掛け合わせた名称である。大手金融機関と、名誉や道義の理想を掲げて戦うキャラクターとを合わせた名称は、長いあいだ片足を実業界に、片足を数学と学問の世界に置いていた人物にふさわしい選択だった。

シモンズはリムロイを「ヘッジファンド」にすることにした。ヘッジファンドとはおおざっぱに言うと、裕福な個人や機関の資産を運用して、市場全体の損失から彼らを守《ヘッジ》るなどのさまざまな戦略を活用する、民間投資パートナーシップのことである。

マネメトリクスがシモンズの資産の一部を投資して、さまざまな市場でそれぞれの戦略を検証する。収益が上がりそうな戦法が見つかったら、リムロイでそれと同じ取引をもっと大規模におこない、シモンズだけでなく外部の顧客の資産も投資する。バウムは、全取引収益のうち、会社の取り分の二五パーセントを得る。

シモンズは、数学モデルと複雑なチャート、そして人間のさまざまな直観を組み合わせたトレーディング手法に頼れば、自分もバウムも大金を手にできるはずだと考えた。バウムもこの方法論がうまくいくと確信して投資に夢中になり、IDAを辞めてフルタイムでシモンズと働きはじめた。

シモンズは、自分とバウムが正しい道を進んでいることを確かめるために、ストーニーブルック校時代に引き抜いた貴重な人材であるジェームズ・アックスに頼んで、自分たちの戦略をチェックしてもらった。アックスも一年ほど前のバウムと同じく、投資のことはほとんど知らなかったし、関心すらなかったが、元同僚が目指していることをたちどころに理解して、二人は特別なことに取り組んでいると確信した。そして、バウムのアルゴリズムは通貨取引で成功するだけでなく、小麦や大豆や原油などコモディティ取引のための同様の予測モデルも開発できるだろうと訴えた。それを聞いたシモンズは、アックスに大学を辞めるよう説得し、アックス本人の取引勘定まで準備した。シモンズは舞い上がっていた。もっとも称賛を集める二人の数学者と一緒に取り組んで、市場の秘密を解き明かす。二人の取り組みを支えるのに十分なお金もある。

一年か二年前のバウムだったら、数学のことを考えるのをやめるなんてできなかったはずだ。しかしいまではトレーディングのことで頭がいっぱいだった。一九七九年夏のある朝、バウムは家族とビーチで寝転がりながら、イギリスポンドの弱値が長期間続いていることについて考え込んでいた。当時の一般的な考え方では、ポンドの価値は下がる一方だとされていた。シモンズとバウムにトレーディングに関するアドバイスをしたある専門家は、ポンドを大量に売るあまり、息子をスターリング〔イギリスの通貨のこと〕と名付けたくらいだった。

その朝、ビーチでくつろいでいたバウムは、興奮のあまりむくりと起き上がった。買いのチャンスが間近に迫っていると確信したのだ。そこでオフィスへ走っていって、シモンズに言った。イギリスの新首相マーガレット・サッチャーはポンドを安いレベルに抑えているが、それをいつまでも続けることはできないと。

「サッチャーはポンドに腰を下ろして抑えつけている。でもずっと長くは抑えておけない」

バウムはポンドを買うべきだと訴えたが、シモンズはその突然の説得になびくどころか、面白がった。

「レニー、もっと早く来なかったのが残念だったな」とシモンズはにこりとしながら答えた。「サッチャーが立ち上がったんだ。……でもポンドは五セントしか上がらなかったぞ」

実はその朝、サッチャーがポンド高を容認する決定をしていたのだ。しかしバウムは動じなかった。

「そんなことない！　これから五〇セント、もしかしたらもっと上がるぞ！」[5]

バウムの言うことは正しかった。バウムとシモンズがイギリスポンドを買いつづける中、ポンドは急上昇を続けた。さらに二人は日本円、西ドイツマルク、スイスフランの値動きも正確に予測して、ファンドの資産は数千万ドル増え、あの南アメリカの投資者たちはシモンズに祝いと励ましの電話をかけてきた。

同業の数学者たちは、なぜシモンズが前途有望なキャリアを捨てて、通貨取引をする急ごしらえのオフィスに収まったのか、いまだに納得していなかった。バウムとアックスがシモンズと組んだことにも愕然としていた。シモンズの父親マシューですらがっかりしていたようだ。一九七九年、シモンズの息子ナサニエルの成人を祝うパーティーの席で、ストーニーブルック校のある数学者に、「『わが息子、実業家です』じゃなくて『わが息子、教授です』って紹介したいんだ」とこぼしている。

シモンズはめったに過去を振り返らなかった。通貨取引でいち早く収益を上げると、リムロイの定款を修正して、アメリカ長期国債先物とコモディティも取引できるようにした。そして、すでに自身の分離投資勘定を持っていたバウムとともに小さなチームを集め、通貨やコモディティや国債の市場で収益を上げられそうな取引を見極める高度なモデルを構築しはじめた。

シモンズは、生涯続くこととなる投機への情熱を嬉々として追究しつつ、それまでおそらくもっとも難しい課題として、市場を解き明かそうとした。あるときには、「妻のマリリンもようやく連中と交わって、やつらのしゃべっていることが分かるようになった」と冗談めかして言った。[6]

しかし喜びがいつまでも続くことはなかった。

一九歳のプログラマーをスカウト

コンピュータプログラマーを探していたシモンズは、カリフォルニア工科大学の一九歳の学生が退学になりそうだという話を聞きつけた。その学生グレッグ・ハレンダーは、頭が切れて創造性もあったが、大学の課題に集中できず、多くの科目でひどい成績を取っていた。のちには注意力欠陥障害と診断されることとなる。当時ハレンダーはもがき苦しんでいたが、それは大学当局も同じだった。最後の頼みの綱が降りてきたのは、ハレンダーが寄宿舎の部屋の外で認可を得ずにハイリスク・ハイリターンのトレーディング事業を立ち上げたときだった。友人たちからお金を預かってストックオプションを購入したところ、一九七八年の市場の反発によって、たった数日のうちに二〇〇ドルが二〇〇〇ドルに増えたのだ。すぐに寄宿舎の誰もが、その事業に乗ろうとハレンダーに次々とお金を差し出してきた。ハレンダーは、メリルリンチの証券口座でストックオプションを購入し、それをリパッケージして乗り気の学生たちに売った。

「まるで自前の証券取引所だったよ」とハレンダーは誇らしげに言う。

ところがメリルリンチが、ハレンダーの巧みな事業に眉をひそめた。そして口座の契約条項を破ったとしてハレンダーとの取引を停止し、学校も彼を退学処分にした。朝の七時、寄宿舎の部屋に座って追い出されるのを待っていたハレンダーのもとに、突然シモンズから電話がかかってきた。シモンズは、ハレンダーの未認可のトレーディング事業のことをこの大学のある大学院生から聞いていて、彼の金融市場に関する理解と度胸に感心していた。そこでハレンダーに、九〇〇〇ドルの年俸を支給して会社の収益を分配するという条件を提示し、ニューヨークに来てリムロイの取引プログラムを作ってくれるよう持ちかけた。

丸々とした顔にもじゃもじゃの茶髪、子供っぽい笑みを浮かべるハレンダーは、得体の知れないトレーディング活動に加わるために国を横断する人物というよりも、サマーキャンプに出掛けようとしている一〇代の少年のように見えた。縁が細くてレンズが分厚い特大のめがねを掛け、胸ポケットにはいつも何本ものペンと茶色のめがねケースを入れていたせいで、とても実直そうに見えた。

シモンズにもバウムにも会ったことがなかったハレンダーは、この仕事への誘いに警戒心を抱いた。

「ジムの会社は世界一胡散臭《うさんくさ》いと思ったよ」とハレンダーは言う。

それでもハレンダーは、ためらうことなくシモンズの誘いを受け入れた。

「寄宿舎の部屋で追い出されるのを待っていた。選択肢がたくさんあるような状況じゃなかったんだ」

ロングアイランドにやって来たハレンダーは、シモンズの家で数週間世話になってから、近くのストーニーブルックの宿舎に部屋を借りた。運転免許を持っていなかったので、通勤用にシモンズから自転車を貸してもらった。オフィスでは、綿の開襟シャツにローファーというつものいでたちのシモンズから、トレーディングへの取り組み方を教わった。通貨市場は政府などの行動に影響を受ける。そこで、「市場に影響をおよぼす隠れた役者が引き起こすトレンド」を特定するために、段階的で詳細なアルゴリズムを開発したいのだ、というシモンズの話だった。シモンズがＩＤＡでソ連の暗号を解読するためにやっていたことと似ている。

ハレンダーは手始めに、この新会社の運用成績を追跡するプログラムを書いてみた。すると六カ月もせずに、会社が厄介な損失を出していることが明らかになった。国債の取引にシフトしたことが裏目に出ていたのだ。顧客からは相変わらず電話がかかってきていたが、いまでは、祝いの言葉でなく大損した理由を問いただすものになっていた。

シモンズは一気に落ち込み、損失が膨らむにつれてますます不安を募らせていった。とりわけひどかったある日、シモンズがオフィスのソファーに仰向けに横たわっていた。それを見たハレンダーは、シモンズが本音を話したがっていて、もしかしたら何か白状しようとしているのではないかと感じ取った。

シモンズは口を開いた。「これを見ると、ときどき自分が何をやってるか本当は分かってないんだと感じるのさ」

ハレンダーは衝撃を受けた。その瞬間まで、シモンズは天井知らずの自信家だと思っていた。ところがいまや、数学を捨てて市場を出し抜くという自分の決断を後悔しているようだった。シモンズはまるでセラピストの診療室にいるかのようにソファーに横たわったまま、失敗と贖罪《しょくざい》について描いた小説『ロード・ジム』のことを語りはじめた。シモンズが惹かれていた登場人物のジムは、うぬぼれ上がって名声を欲しがったが、勇気を試されて無残に失敗し、恥辱にまみれたまま世を去る。

シモンズは起き上がってハレンダーのほうを向いた。

「でも本当にいい死にっぷりだった。ジムは気高く死んでいった」

〝待ってくれ、シモンズは自殺を考えているのか？〟

ハレンダーは、ボスと、そして自分の将来のことが心配になった。お金もないし、東海岸でひとりぼっちだし、しかもボスがソファーの上で死について話している。ハレンダーはシモンズを元気づけようとしたが、なんともぎこちないやり取りになってしまった。

人間の判断を排除したアルゴリズムへ

それから数日してシモンズは元気を取り戻し、人間の判断でなくアルゴリズム――コンピュータへの一段階ずつの指示の集まり――に従うハイテクトレーディングシステムを構築しようという決意をますます強くした。それまでシモンズとバウムは粗削りなトレーディングモデルと自分たちの直観に頼っていて、その方法論がシモンズを危機に陥れたのだった。そこでシモンズは、株式投資のために雇った技術専門家のハワード・モーガンと話し合って新たな目標を定めた。あらかじめ設定したアルゴリズムに頼りきった高度なトレーディングシステムを構築して、願わくはそれを自動化するという目標だ。

「一分ごとに市場を気にしなきゃいけないなんて嫌だ。寝てるあいだに稼いでくれるモデルが欲しい。人間が介入しない純粋なシステムだ」とシモンズは言った。

シモンズは、完全自動システムのための技術がまだ存在しないことは承知していたが、それでも何かもっと高度な方法を試したかった。そして、過去のデータが大量にあれば、長期間持続して繰り返される価格のパターンをコンピュータで探し出せるのではないかとにらんだ。そこで、世界銀行などから山のような冊子を、また、さまざまな商品取引所から何巻もの磁気テープを購入して、数十年前、ものによっては第二次世界大戦以前にまでさかのぼるコモディティや債券や通貨の価格を収集した。そんな骨董品《こっとうひん》には誰も目をとめていなかったが、シモンズは貴重なものかもしれないと直観で感じとった。

シモンズがかき集めたデータはフォーマットが旧式だったため、ハレンダーが使っていた、高さ一・五メートルの青と白の筐体《きょうたい》のPDP－11／60コンピュータでは読み込めなかった。そこでハレンダーは、友人のスタンが勤める近所のグラマン・エアロスペースの本社にその磁気テープをこっそり持ち込んだ。そしてこの軍事メーカーからひとけがなくなった真夜中、スタンにスーパーコンピュータを立ち上げてもらい、何時間かかけて、磁気テープをシモンズのコンピュータで読めるよう変換した。テープが回転しているあいだ、二人はコーヒー片手におしゃべりをした。

シモンズはさらにデータを集めるために、ロワーマンハッタンにある連邦準備銀行のビルに一人の社員を遣《や》り、まだ電子化されていない過去の金利などの情報を丹念に書き写させた。もっと最近の価格データについては、ストーニーブルック校時代の秘書で新たに事務マネージャーとして雇ったキャロル・オルバージーンに、主要な通貨の終値を記録する仕事を課した。オルバージーンは毎朝、『ウォール・ストリート・ジャーナル』に隅々まで目を通しては、会社の資料室のソファーや椅子の上に乗り、天井からぶら下げて壁にテープで留めてあるグラフ用紙に最新の指標を書き込んだ（このやり方のせいでオルバージーンは高いところから落ち、神経を切って障害を負ってしまった。その後、シモンズはもっと若い女性を雇い、引きつづきソファーに上って数値を書き加えさせた）。

シモンズは義理の妹を含め何人かを雇って、ハレンダーが作ったデータベースに価格の値を入力させた。そのデータベースを使えば、価格を追跡して、シモンズやバウムらの数学的直観とひらめきに基づくさまざまなトレーディング戦略を検証できる。彼らが試した戦術の多くはさまざまなモメンタム戦略〔値動きのトレンドに乗る戦略〕に基づいていたが、そのほかに、異なるコモディティの価格どうしに相関があるかどうかにも注目した。ある通貨が三日連続で下がったら、四日目にも下がる確率は？　銀の価格は金の価格に追従するか？　小麦の価格を見れば金などのコモディティの価格を予測できるか？　シモンズはさらに、さまざまな自然現象が価格に影響をおよぼすかどうかも探った。ハレンダーのチームはしばらくのあいだ何も結果が得られず、信頼できる相関性を見いだせなかったが、それでもシモンズは探しつづけるようけしかけた。

「何かしらパターンがある。あるはずだ」とシモンズは迫った。

最終的にグループは、さまざまなコモディティや債券や通貨の市場でどのような取引をすればいいかを指示するシステムを開発した。オフィスに一台しかないコンピュータは性能が低くてすべてのデータを取り込むことができなかったが、それでもいくつか信頼できる相関性を特定できた。

ピギーバスケット

このトレーディングシステムはいわば生きた豚を部品として使っていたようなものだったため、シモンズはこれを「ピギーバスケット（子豚の籠《かご》）」と名付けた。このシステムは、大量のデータをむさぼり、線形代数の手法を使って推奨の取引を出力するように作られていた。出力されるのは一連の数。たとえば「0・5、0・3、0・2」という出力であれば、通貨のポートフォリオを、円五〇パーセント、ドイツマルク三〇パーセント、スイスフラン二〇パーセントにすべしという意味である。ピギーバスケットが約四〇種類の先物に対する推奨の取引を出力すると、社員がブローカーに連絡して、そのポートフォリオの割合に基づいた売買の指示を伝える。このシステムは自動的に取引するのではなく、推奨の取引を自動的に出力するにすぎなかったが、当時のシモンズにできるのはせいぜいここまでだった。

数カ月にわたってピギーバスケットは大きな収益を上げ、マネメトリクスの運用資産およそ一〇〇万ドルを取引した。通常はポジションを一日程度持ったのちに売った。初期の運用成績に気を良くしたシモンズは、リムロイの勘定からさらに数百万ドルをこのモデルにつぎ込み、さらに大きな収益を上げた。

ところが予想外の出来事が起こった。コンピュータ化されたこのシステムはジャガイモを異常に欲するようになり、運用資産の三分の二を、ニューヨーク商品取引所でメイン州のジャガイモ数百万キロ分に相当する先物へ振り分けたのだ。するとある日、シモンズのもとに、商品先物取引委員会の監視官から穏やかならぬ電話がかかってきた。マネメトリクスがジャガイモの世界市場を独占しようとしていると警告してきたのだ。

シモンズは笑いを押し殺すしかなかった。監視官はシモンズを問い詰めようとしたが、シモンズにはそんなに大量のジャガイモを蓄えるつもりなどなかった。それどころか、なぜ自分のコンピュータシステムがそんなに大量のジャガイモを買おうとするのかさえ理解できていなかった。もちろん商品先物取引委員会もそんなことは重々承知だったはずだ。

電話が切れるとハレンダーは、「俺たちがジャガイモ市場を独占しようとしてるって、やつらは思ってるんだ!」と面白がった。

それでも監視官は冗談を真に受けて、シモンズの持っていたジャガイモのポジションを清算し、シモンズと投資者は数百万ドルを失った。こうして、このシステムへのシモンズとバウムの信頼は失われた。ピギーバスケットの取引を見れば、いつ儲かっていつ損したかは分かったが、このモデルがなぜそのような取引の決定を下したかは分からなかった。

コンピュータ化されたトレーディングモデルは、そもそも二人が目指していたものとは違っていたのかもしれない。

一九八〇年、ハレンダーは大学へ戻るために会社を辞めた。中退したことを後悔していたし、コンピュータトレーディングシステムをさらに進化させる手助けができないことも申し訳ないと思っていた。シモンズとバウムが使っている数学を理解できず、一人で惨めな思いをしていたのだ。数週間前には仕事仲間たちに、自分がゲイであることを打ち明けていた。シモンズらはハレンダーを元気づけようとしたが、ハレンダーはますます居心地の悪さを感じるようになった。

「カリフォルニアのほうが馬が合う人と出会えるチャンスは多いと思ったんだ」とハレンダーは言う。ハレンダーは最終的に学位を取得して、アマゾンとマイクロソフトで機械学習の専門家となった。「お金よりも大事なものはあるんだ」

ルネサンス・テクノロジーズに社名変更

ハレンダーが去ってピギーバスケットがうまく機能しなくなったことで、シモンズとバウムは数学的な予測モデルから離れ、もっと従来型のトレーディングスタイルに移行していった。市場を動かすようなニュースに反応しながら、割安の投資商品を探し、さまざまな市場に三〇〇〇万ドルを投資した。

シモンズは、ヨーロッパ発のニュースをライバルよりも先に知れたらいいのではないかと考え、ストーニーブルック校で学んでいるパリ出身の一人の学生を雇って、ほかの投資家が気づく前に、あまり知られていないフランスの金融新聞を読ませて翻訳させた。また、のちに連邦準備制度理事会の議長となる経済学者アラン・グリーンスパンにも助言を求めた。さらに、金融にまつわる緊急ニュースが報じられるたびに鳴るよう設定した赤い電話機をオフィスに設置して、ほかの投資家よりも先に取引に入れるようにした。シモンズもバウムもオフィスにいないときに電話が鳴ったら、キャロルの義理の妹で新しい事務マネージャーのペニー・オルバージーンが二人を探そうと、近くのレストランや商店、さらには男子トイレにまで駆けつけて、気づいてもらえるよう扉を大きな音で叩いた。

あるときには、「戻ってきて！　小麦が三〇ポイント下がったわ！」と叫んだ。

シモンズがお高くとまった無礼なユーモアを吐くと、チームの雰囲気は和んだ。オルバージーンの強いニューヨーク訛りをからかうと、オルバージーンはお返しに、シモンズに残っているボストン訛りを真似るのだった。

あるとき、会社の銀行残高に特別高い利率が付くと、シモンズは有頂天になって「くそでかい一一と八分の七ももらえるぞ！」と叫んだ。
ある若い社員がその下品な言葉にあんぐりすると、シモンズはにやりと笑った。
「分かったよ、すごい利率なんだよ！」

週に何度か、マリリンが赤ん坊のニコラスを連れて会社に立ち寄った。バーバラが元夫の様子を見にくることもあった。ほかの社員の連れ合いや子供たちもオフィスをうろうろした。毎日、午後になるとチームは資料室に集まってお茶をし、シモンズやバウムたちが最新ニュースを説明したり経済の先行きについて話し合ったりした。シモンズはまた、近くのジェファーソン港に係留してある自家用ヨット、ロード・ジム号に社員を招いた。

シモンズはたいていの日は、ジーンズにゴルフシャツというういでたちでオフィスに陣取り、コンピュータの画面を見つめながら新たな取引をひねり出した。ほとんどの投資家と同じく、ニュースを読んでは市場の動向を予測した。とくに深く考え込んでいるときは、片手にたばこを挟んだまま頬の内側を噛《か》んでいた。そばのもっと小さいオフィスで自分の勘定の取引をするバウムは、くたびれたセーターと皺の寄ったズボンを好んで着て、ハッシュパピーの靴を履いていた。衰える視力を補うために、背中を丸くしてコンピュータのそばまで顔を近づけ、オフィス中に漂うシモンズのたばこの煙を気にしないようにした。

従来型のトレーディング手法が功を奏したことで、隣の婦人服店が閉店すると、シモンズはその空き店舗を借りて、あいだを隔てる壁を取り壊した。その新しいスペースに並べたオフィスは、経済学者を含め新たに雇った人たちにあてがった。彼らは専門知識を提供し、自身で取引をおこなって収益に貢献した。シモンズは新たに情熱を傾けるものも見つけた。初のハンドヘルドコンピュータを開発した電子辞書メーカー、フランクリン・エレクトロニック・パブリッシャーズなど、将来有望なテクノロジー企業の支援を始めたのだ。

一九八二年にシモンズは、これらの新興企業に対する興味の高まりを示そうと、マネメトリクスの社名をルネサンス・テクノロジーズ・コーポレーションと改称した。自分のことを、トレーダーであると同時にベンチャーキャピタリストとみなすようになっていた。週のうちのほとんどはニューヨーク市のオフィスで働き、自身のヘッジファンドへの投資者とやり取りをする傍ら、テクノロジー企業との取引もおこなった。

直観と本能によるトレーディング

シモンズは子供たちの世話にも時間を割いたが、うち一人には特別な配慮が必要だった。バーバラとのあいだにできた二人目の子供ポールが、外胚葉異形成症という稀な先天性の遺伝病にかかっていたのだ。皮膚や髪や汗腺が正常に発達しておらず、年齢のわりに背が低く、歯が少なくて形も歪んでいた。ポールは引け目を感じずに小学校のクラスメイトに溶け込めるよう、両親に流行《はや》りの服をせがんだ。

ポールの不遇を気に掛けるシモンズは、時折ニュージャージー州トレントンまで車でポールを連れていき、小児歯科医に歯の美容処置を施してもらった。のちにニューヨークの歯科医にインプラントを一揃い仕立ててもらうと、ポールはさらに自信を持てるようになった。

シモンズがニューヨークのオフィスで働いて、外部の投資者と取引をしたり家族の面倒を見たりしていても、バウムは気にしなかった。手助けをしてもらう必要はさほどなかったからだ。直観と本能に基づいてさまざまな通貨を取引しては大金を稼ぎ出していたため、システム的で「定量的」なトレーディング手法を追求するのは時間の無駄だと感じていた。数式を組み立てるのは難しくて時間がかかったし、それによる収益は安定していたものの、けっして多くはなかった。それに対して、オフィスの電光掲示板に表示されるニュースを素早く理解したり、新聞記事を読み込んだり、地政学的な出来事を分析したりするほうが刺激的だし、はるかに儲かるように思えた。

「どうしてこういうモデルを作らないといけないのか分かるかい?」とバウムは娘のステフィーに質問した。「数学の証明を見つけるよりも市場で何百万ドルも稼ぐほうがずっと簡単だからだよ」

シモンズはバウムを大いに尊重していて、どういう取引をすべきか指図はしなかった。その上、バウムは順調だったし、そもそも会社のコンピュータの能力には限界があって自動化システムを実装するのは難しそうだった。

バウムは、オフィスの扉を閉めて緑のソファーに仰向けになり、経済などのデータを詳しく吟味しては、市場の次の動向について長いあいだ考え込むのが好きだった。

「彼は時がたつのを忘れるくらいでした。夢うつつという感じでした」とペニー・オルバージーンは言う。

バウムはオフィスから出てくると、たいてい買い注文を出した。根っからの楽観主義者で、投資商品を買ったら値上がりするまで持ちつづけ、どんなに長くかかろうが気にしなかった。友人たちに語ったように、投資ポジションを保有しつづけるには度胸が必要で、ほかの投資家が弱腰になったときにじっと我慢することを誇りにしていた。

「何か手を打つ理由がない限り、成り行きに任せて何もしない」と家族に自分のトレーディングの戦法を説明している。

「父の持論は『安く買ってずっと持ちつづける』でした」とステフィーは言う。

この戦略のおかげでバウムは市場の混乱を乗り切って、一九七九年七月から八二年三月までに四三〇〇万ドルを超える収益を上げ、シモンズから最初に預かった資産を二倍近くに増やした。その年の後半には、強気の買いに没頭するあまり、年に一度のシモンズのヨットでのセイリングに参加せずに、市場に目を光らせてもっと株式先物を買いたいと言い張ったくらいだった。ある日の正午頃、同僚の輪にしぶしぶ加わっているバウムにシモンズが、どうしてそんなに浮かぬ顔をしているのかと尋ねた。

するとバウムは、「買いたいうちの半分しか買えなかったのに、ランチに来るしかなかったんだ」と答えた。

バウムはオフィスに残っているべきだったのだろう。その年にアメリカの株式市場が歴史的な底を打つことを見抜いていたのだ。株価が急騰して収益が次々に増えていくと、バウム夫妻は、ロングアイランド湾に面して二〇世紀初めに建てられた6LDKの家を購入した。ジュリアはいまだに古いキャデラックに乗っていたが、もはやお金の心配をすることはなくなった。だが収益が積み重なっていった一方で、トレーディングに明け暮れる生活が夫に与えた影響はそこまで良いものではなかった。せっかくくつろいで楽しんでいても、シモンズか誰かから電話がかかってくると、とたんに真剣な顔になって集中し、その日のニュースにどのように反応すべきか夜遅くまで相談し合うのだった。

「まるで別人のようでした」とステフィーは振り返る。

バウムとの決別

バウムが投資にのめり込みすぎたせいで、やがてシモンズとのあいだに軋轢《あつれき》が生じる。緊張関係の始まりは一九七九年秋、二人がそれぞれ金の先物を一オンス約二五〇ドルで買ったときだった。その年の末、イラン政府がアメリカ人の外交官と市民五二人を人質に取り、ソ連がアフガニスタンの共産主義体制を支援する目的で同国に侵攻した。それによる地政学的不安が、金と銀の価格を押し上げた。ロングアイランドのオフィスを訪れた人は、いつもは冷静沈着なバウムが立ち上がって、金価格の上昇に大喜びしている様を目にした。シモンズはそばに座って微笑んでいた。

一九八〇年一月、金と銀の価格は急騰しつづけていた。二週間にわたる熱狂の中で金が七〇〇ドルを超えると、シモンズはポジションを売って数百万ドルの収益を確定させた。しかしバウムは売る気になれなかった。そんなある日、シモンズは友人から、宝石商である妻が自分のクローゼットを漁《あさ》って金のカフスボタンやネクタイピンを売り払おうとしているという話を聞いた。

「破産でもしそうなのかい?」とシモンズが心配そうに尋ねた。

すると友人は、「いやいや、金線《ライン》を切り出せば売れるんだってさ」と答えた。

「金を売れっていう情報《ライン》でもあるのか？」

友人は、国中の人が列をなして、価格が急騰しているアクセサリーを売ろうとしていると説明した。それを聞いてシモンズは震え上がった。金の供給がどんどん膨らんでいったら、価格が急落しかねない。

オフィスに戻ったシモンズは、バウムに指示を出した。

「レニー、いますぐ売れ」

「嫌だ。このトレンドはまだまだ続く」

「くそが、金を売れよ、レニー！」

無視するバウムにシモンズは怒り狂った。金が急騰して一オンス八〇〇ドルを超えたことで、バウムは一〇〇〇万ドルを超える含み益を上げていて、まだまだ儲かると信じ込んでいた。

「ジムがガミガミ言ってきた。でも、行動を取る具体的な理由もニュースも見当たらなかったから、何もしなかった」とのちにバウムは家族にこぼしている。

一月一八日、しびれを切らしたシモンズは、ブローカーに電話をかけて受話器をバウムの耳に押しつけた。

「売ると言え、レニー！」

「分かった分かった」。バウムはしぶしぶ従った。

それから数カ月のうちに金が一オンス八六五ドルを超え、バウムはシモンズを、大損させたと厳しく咎《とが》めた。ところがその後バブルがはじけ、わずか数カ月後には金は一オンス五〇〇ドルを下回った。

しばらくしてバウムは、証券会社ＥＦハットンに勤める一人のコロンビア出身者が、自分はコーヒーの先物市場を読めると言い張っているのを知った。そのコロンビア人が、価格が上昇すると予測したのを受けて、バウムとシモンズはコーヒー市場全体にかなり大きなポジションを取った。するとその直後にコーヒーの価格が一〇パーセント急落し、二人は数百万ドルの損失を出した。今度もシモンズは持っている先物を売ったが、バウムは売る気になれなかった。結局、バウムは多額の損失を出し、シモンズに、自分の代わりにコーヒー先物を清算してくれと頼むしかなくなった。自分ではどうしても売れなかったのだ。のちにバウムはこの出来事を、「この商売をしている中で一番バカだった」と表現した。

バウムの果てしない楽観主義に、シモンズは我慢がならなくなってきた。

「やつは安値で買ったけど、いつも高値で売るとは限らなかった」とのちにシモンズは語っている。[7]

一九八三年、バウムは一家でバミューダへ移り住み、この島の穏やかな気候と好都合な税制を享受した。島の美しさにバウムは、楽観的な気性と強気な衝動をますます強めた。アメリカのインフレは抑えられているようだったし、連邦準備制度理事会議長ポール・ボルカーが金利の低下を予測したため、バウムは、このような状況での理想的な投資先としてアメリカ国債を数千万ドル分買った。

ところが一九八四年晩春、ロナルド・レーガン政権が国債の発行量を急に増やし、またアメリカ経済が急速に成長したことで、国債市場がパニック売りに見舞われた。バウムは損失が増えつづけるあいだもいつもどおり平静だったが、シモンズは会社が潰《つぶ》れはしないかと恐れた。

「考えなおしてくれ、レニー。意固地になるな」とシモンズは頼み込んだ。

バウムの損失は膨らみつづけた。日本円が上がりつづけることに大きく賭けたのも裏目に出て、バウムへのプレッシャーはますます強まった。

ある日、バウムはコンピュータの画面を見つめながら、「こんなの続くはずがない!」と叫んだ。

バウムの投資ポジションの価値が四〇パーセント低下すると、シモンズとの契約条項が自動的に発動され、それに従ってシモンズはバウムの持ち株をすべて売却した。トレーディングをめぐる二人の協力関係は崩れ、尊敬を集める数学者どうしの何十年にもおよぶ付き合いが終わりを迎えた。

しかし最終的に先見の明があったのは、バウムのほうだった。それから何年かして金利もインフレ率も急低下し、国債に投資していた人は儲かったのだ。その頃にはバウムはすでにジュリアとプリンストンに戻って、自分のためにトレーディングをしていた。シモンズと組んでいた頃はストレスばかりで、一晩中眠っていられることはめったになかった。しかしいまや十分に休養が取れていたし、数学の研究に戻る時間もできていた。そして歳を重ねるにつれて、素数と、有名な未解決問題であるリーマン予想に集中するようになった。また、趣味で国中の囲碁トーナメントに参戦したが、弱くなりつづける視力を補うために、盤面を記憶したり、立ち上がって碁盤の上にかがみ込んだりしていた。

八〇代になると、自宅からプリンストン大学近くのウィザースプーン通りまで三キロあまりの距離を歩きながら、道すがら立ち止まっては咲いたばかりの花の香りを楽しんだ。時折、通り過ぎようとするドライバーがスピードを落として、歩みは遅いが身なりの良い老人に手を差し伸べようとしたが、バウムは決まって断った。コーヒーショップで日の光のもと何時間も座り、見知らぬ人に声を掛けた。家族はときどき、ホームシックにかかった大学生をバウムが優しく元気づけているのを目にした。二〇一七年夏、最後の数学論文を仕上げてから数週間後に、バウムは八六歳で世を去った。その論文はバウムの死後に子供たちの手で発表された。

＊

一九八四年、バウムがトレーディングの大失敗で損失を出したことで、シモンズは深い痛手を負っていた。会社のトレーディングを中断し、投資者たちの不満には耳を貸さなかった。シモンズの友人たちから「どんな様子だ？」と問いただす電話がしょっちゅうかかってきて、社員たちは応対に追われた。ファンドが毎日数百万ドルの損失を出しつづけていたため、シモンズは顧客とのあいだに新たなルールを設けた。月末まで運用成績を明かさないことにしたのだ。

損失に怯《おび》えきったシモンズは、トレーディングから手を引いて、右肩上がりのテクノロジー企業に集中しようかと考えた。顧客には資金を引き揚げる機会を与えた。それでもほとんどの顧客は信頼して、シモンズは運用成績を改善させる術を見つけ出せるはずだと期待したが、シモンズ本人は自己不信に陥っていた。

「胃が痛くなるくらい苦しい。まともじゃない」と友人にこぼした。

シモンズは別の方法論を見つけるしかなかった。

第4章

数学で投資をする

真理はあまりに複雑で、
おおざっぱにとらえることしかできない。
ジョン・フォン・ノイマン

直観と本能から数学モデルへ

ジム・シモンズは打ちひしがれていた。

突然の損失と不機嫌な投資者に対応しながらも、学者としての華々しいキャリアを無駄にしたくはなかった。そこで、金融市場に投機をする別の方法を見つけなければならなかった。直観と本能に頼ったレニー・バウムの方法論は、うまくいかないように思えた。しかもシモンズを大いに不安にさせていた。

「儲かれば天才気分。損したら間抜けだ」と友人にこぼした。

砂糖先物への投機で大金持ちになった投資家チャーリー・フレイフェルドにも苛立ちをぶつけた。そして、「こんなふうにやっていくのは大変すぎる。数学的にやるしかない」と腹立ち紛れに吐き捨てた。

シモンズは、知恵と直観だけで市場に賭けていちいち一喜一憂せずに済むよう、数学モデルとあらかじめ設定したアルゴリズムを使って取引をする技術はまだ手に入らないのだろうかと考えた。そして、まだ自分のもとで働いている数学者のジェームズ・アックスなら、先駆的なコンピュータトレーディングシステムを構築するのにぴったりの人物ではないかと思った。そこで、何か特別なものが生まれることを期待し、アックスに十分なリソースを与えて支援することにした。

しばらくのあいだ、投資革命は間近に迫っているかに思われた。

苛立ちを抱える数学者アックス

ジェームズ・アックスがなぜいつも腹を立てているのか、誰にも分からなかった。

壁を蹴飛ばして穴を開けたり、仲間の数学者と殴り合いを始めたり、同業者をしょっちゅう罵《ののし》ったりした。自分への評価をめぐって口喧嘩をし、言い負かされると腹を立て、思いどおりにならないと大声で叫んだ。

なぜ怒っているのか合点がいかなかった。アックスは称賛を集める数学者で、彫りが深く男前、鋭いユーモアのセンスを備えていた。専門分野で成功し、同業者から喝采を浴びていた。それなのに、ほぼ毎日、怒りを爆発させて周囲を怯えさせていたのだ。

アックスの才能は幼い頃に芽生えた。ブロンクスで生まれ、ロワーマンハッタンにある、ニューヨーク市でもっとも名高いパブリックスクール、スタイベサント高校に通った。その後、マイクロ波物理学やレーダーやアメリカの宇宙計画の発展に大きく貢献したと自負する、ブルックリン工科大学を優秀な成績で卒業した。

アックスは学業で良い成績を収める一方で、深い苦しみを抱えていることを隠していた。七歳のときに父親が家族を捨て、少年は絶望を味わっていたのだ。また、成長してからはつねに胃の痛みと疲労感にさいなまれた。一〇代後半になってクローン病と診断されたが、一連の処置で症状は改善した。

一九六一年、カリフォルニア大学バークレー校で数学の博士号を取得し、同じく大学院生のシモンズと友人になった。シモンズの妻バーバラが最初の子供を産んだときには、誰よりも早く夫妻を祝った。コーネル大学の数学教授になると、数論という純粋数学の一分野の発展に寄与した。それが縁で、年上の終身教授で数理論理学者のサイモン・コッヘンと強い絆を結んだ。二人は、名高いオーストリア人数学者のエミール・アルティンが五〇年前に示した有名な予想の証明に挑んだが、最初しばらくのあいだはうまくいかなかった。そこで鬱憤《うっぷん》晴らしに、ニューヨークのイサカ地区で同業者たちと週一回ポーカーをするようになった。最初は単なる友好的な集まりで、賭け金が一五ドルを超えることはめったになかったが、徐々に熱を帯びてきて、最終的には数百ドルを賭けて対戦するようになった。

アックスはそこそこの腕前だったが、コッヘンにはどうしても勝てなかった。やがて、負けるたびにかっとなるアックスの表情をコッヘンが読んで、圧倒的に有利な立場に立っているのだと思い込むようになった。そこで自分のそぶりを隠すしかないと思った。ある夏の夜、厳しい熱波の中でみんながプレーを始めようと席に着くと、毛糸の分厚いスキーマスクで顔を隠したアックスが現れた。ところが、大汗を掻き、マスクの細い隙間からはほとんど何も見えないような状態だったのに、またもやコッヘンに負けてしまった。結局、コッヘンの秘密を暴けないまま憮然《ぶぜん》としてゲームを降りたのだった。

「表情じゃなかった。ジムは手札が良いときには背筋を伸ばす癖があったんだ」とコッヘンは言う。

アックスは一九七〇年代のあいだ中、新たなライバルを探しては彼らを打ち負かす術を見いだすのに明け暮れた。ポーカーに加えてゴルフとボウリングもやり、バックギャモンでは全国トップクラスのプレイヤーとして名を馳《は》せた。

「ジムは気ぜわしい心を持った気ぜわしい男だった」とコッヘンは言う。

アックスは、世間で思われているよりも競争の激しい数学の世界に、かなりの精力を注ぎ込んだ。多くの数学者は数や構造やモデルに憧れてこの分野に入ってくるが、本当の興奮は、誰よりも先に発見をしたり進歩を成し遂げたりすることで得られるものだ。フェルマー予想を証明したことで有名なプリンストン大学の数学者アンドリュー・ワイルズは、数学を、「あちこちでつまずきながら何カ月も何年もかけて、未調査の薄暗い大邸宅を探索すること」

とたとえている。その途中ではさまざまなプレッシャーに襲われる。また、数学は若者がやるものとされている。二〇代か三〇代前半で何か重要な成果を上げないと、もうチャンスはないのだ。[1]

アックスは研究者として前進しながらも、不安や苛立ちを募らせていった。ある日、コッヘンに、自分のオフィスが学科のトイレに近すぎて、中から響いてくる音で集中が乱されると、怒り混じりに文句を垂れた。そして、自分のオフィスとトイレを隔てる壁を蹴破って大きな穴を開けた。壁が薄いことは証明できたが、トイレを流す音は以前よりもさらにはっきりと聞こえるようになってしまった。教授たちが面白がって穴を直そうとしなかったため、アックスはますます怒りを募らせた。

コッヘンは、アックスが幼い頃に苦しんでいたことを知って、もっと広い心で接するようになった。そしてほかの人たちにも、アックスが怒るのは単純に冷たいからではなく、根深い不安感からきているのであって、たいていはすぐに不満が晴れると説いた。コッヘンとアックスは夫婦ぐるみで親友どうしになった。最終的に二人の数学者は、長年の数学の難題に対する見事な解を導き、その成果はアックス－コッヘンの定理として知られるようになった。ある意味、その成果よりも取り組み方のほうに人々は驚かされた。それまで、数論の問題を解くのに数理論理学の手法を使う人など誰もいなかったのだ。

「俺たちが使った方法は、見当外れの分野のものだった」とコッヘンは言う。

一九六七年、三本の革新的な論文にまとめられたこの定理によって、コッヘンとアックスはフランク・ネルソン・コール賞を受賞した。数論の分野における最高の栄誉で、五年に一度しか授与されない賞である。アックスはその功績にふさわしい称賛を浴び、一九六九年に正教授に昇進した。このとき二九歳、コーネル大学で史上最年少の正教授となった。

トラブルメーカー

シモンズから電話がかかってきて、ストーニーブルック校の発展途上の数学科に加わってほしいと誘われたのは、その年のことだった。アックスは生まれも育ちもニューヨーク市だったが、おそらく幼い頃に苦労したせいで、大海原の静けさに惹きつけられた。妻のバーバラも、イサカの厳しい冬に嫌気が差しはじめていた。

アックスがストーニーブルック校へ去っていったのを受けて、コーネル大学当局はロックフェラー・ニューヨーク州知事に抗議した。もしシモンズが当大学の教授にこれ以上手を出してきたら、アイビーリーグに属するわが大学は有名数学者を失って落ちぶれてしまう、と。

アックスはストーニーブルック校にやって来てまもない頃、ある同僚に「数学者は三〇歳までに最高の仕事をする」と語った。どうやら、それまでを上回る成功を収めなければというプレッシャーを感じていたようだ。アックスはコッヘンとの研究で十分な称賛を得られずにがっかりしているようだと、同僚たちは感じ取っていた。アックスは論文発表のペースを落としていき、数学からの気晴らしを求めて、ポーカーやチェス、さらには釣りに没頭した。

明瞭な鬱の徴候と戦うアックスは、妻のバーバラとしょっちゅう喧嘩をした。学科のほかの教授と同じく、性に開放的になって経験を重ねる一〇年間に入る前に、若くして結婚していた。そんなアックスが髪を伸ばし、ぴったりしたジーンズを好んではくようになると、不倫をしているという噂が立ちはじめた。二人の子持ちの親なら子供のために結婚生活を大事にするものだが、アックスはなかなか父親っぽくなれなかった。

「子供は好きだ。ただし代数学を学んでもらってからだがね」とアックスは、ブロンクス訛りが残ったしゃべり方で語っている。

つらい離婚を経験したアックスは、息子のケビンとブライアンの養育権も失って、二人との縁もほとんど切れてしまった。つねに沈み込んでいる様子だっだ。学科の会議では同僚の発言をあまりにも頻繁に遮るので、レナード・チャーラップはベルを持ってきて、アックスが口をはさむたびにそれを鳴らすようになった。

するとある日、アックスが「いったい何をやっているんだ」と噛みついてきた。チャーラップがベルの目的を説明すると、アックスは怒って部屋を飛び出していった。残された同僚たちは笑い出した。

また別のときには、ある准教授と殴り合いを始め、同僚たちが二人を引き離すしかなくなった。アックスに絶えずいじめられていたその年下の准教授は、彼が自分の昇進を邪魔していると信じ込んで、ついに堪忍袋の緒が切れたのだった。

「殺す気か！」とその准教授はアックスに怒鳴った。

対人関係ではいろいろとあったものの、数学の分野におけるアックスの評判は衰えることがなかった。マイケル・フリードという若い教授に至っては、アックスの同僚になりたいがあまり、シカゴ大学のテニュアの地位を蹴ってまでストーニーブルック校にやって来たくらいだった。アックスはそんなフリードの能力を高く買い、その数学者の自然な魅力に惹かれたらしい。フリードは身長一八〇センチ超の筋骨隆々のアスリートで、ウエーブのかかった黄褐色の髪に細い口ひげを生やし、数学の世界では、一九七〇年代前半に国中で流行ったマッチョマンにもっとも近い風貌だった。学科のパーティーでは女性たちを虜《とりこ》にした。離婚したばかりのアックスもそれに気づいていたようだと、フリードは振り返る。

「アックスは女性を惹きつけるために俺を呼び寄せたようなものだ」とフリードは言う。

ところがフリードが、自分の研究成果をアックスが適切な貢献度を認めずに横取りしているのではないかと疑いはじめ、二人の関係はほつれていった。

一方のアックスは、フリードが学者の仲間内で自分を尊重していないと信じ込んだ。フリードとシモンズ、そして大学の一人の理事を交えたピリピリした雰囲気の会合の席で、アックスはフリードの顔をまじまじと見ながら不吉な誓いを立てた。

「どんな手を使ってでもお前のキャリアを潰してやる」と怒鳴り飛ばしたのだ。

あっけにとられたフリードは、ほとんど言い返すことができなかった。

「やめておけ」

フリードはそう言い残して部屋を後にし、二度とアックスとは口をきかなかった。

トレーディングシステムの開発

シモンズから最初にトレーディング事業に加わらないかと持ちかけられた一九七八年当時、アックスは金融市場を少々退屈なものと見ていた。しかし、シモンズのオフィスを訪れてバウムの初期のトレーディングモデルを一目見たことで、考えが変わった。投資を究極のパズルととらえていたシモンズは、アックスに、大学を離れてトレーディングに集中してくれれば、自分用の勘定を与えて支援すると約束した。新たな競争を欲し、学問の世界から決別する必要性を感じていたアックスは、市場を打ち負かせるのではないかと思った。

一九七九年にアックスは、商店街のピザ屋と婦人服店に挟まれたシモンズのオフィスに加わった。最初は、大豆の需要が増えるかどうかや、厳しい気象条件が小麦の供給に影響をおよぼすかどうかなど、市場のファンダメンタルに注目した。しかし、これといった収益を上げられなかったため、数学の知識を活かしたトレーディングシステムの開発を始めた。シモンズと彼のチームが集めた雑多なデータを掘り返して、さまざまな通貨やコモディティが騰落どちらへ向かうかを予測するアルゴリズムをこしらえたのだ。

初期の研究はとくに独創的というわけではなかった。多数の投資商品の中からわずかな上昇トレンドを見つけて、過去一〇日、一五日、二〇日、五〇日にわたる平均価格から将来の値動きを予測できるかどうかを確かめるというものだ。そのやり方は、しばしば「トレンダー」と呼ばれるトレーダーのものに似ていた。彼らは「移動平均」を調べて市場のトレンドに乗り、トレンドの勢いが弱まったら手を引く。

アックスの予測モデルは可能性を秘めていたものの、かなり粗削りだった。シモンズらが集めた貴重なデータも、誤差や間違った値が大量に含まれていて、ほとんど役に立たなかった。しかも、アックスのトレーディングシステムはいっさい自動化されておらず、取引は午前中と引け際の一日二回、電話でおこなっていた。

そこでアックスはライバルよりも優位に立つために、やがて隠れた才能を表に出すこととなる一人の元教授に頼りはじめた。

大量のデータを収集するストラウス

フィラデルフィア出身のサンドー・ストラウスは、一九七二年にバークレー校で数学の博士号を取得し、ロングアイランドに移り住んでストーニーブルック校の数学科で教職に就いた。社交的なストラウスは教えっぷりで高い評価を得て、数学やコンピュータへの情熱をともにする同僚の中で頭一つ抜けた。その年で一番成功した教授との評判だった。リベラルであることを公言するストラウスは、一九六八年、ユージーン・マッカーシーの大統領選挙運動中の反戦集会で出会ったフェイと結婚し、ジョン・レノン張りの丸めがねを掛け、長く伸ばした茶色の髪を縛ってポニーテールにしていた。

だがしばらくすると、将来のことが心配になってきた。自分は数学者としては平均以下だと感じていたし、学科での駆け引きが苦手であることも自覚していた。研究資金獲得のために同業の数学者と競い合う力がなく、自分には、ストーニーブルック校でも、どこか評判の良い数学科でも、テニュアを確保できるチャンスはほとんどないと思い込んでいた。

一九七六年にストラウスはストーニーブルック校のコンピュータセンターに異動し、アックスなど学科のメンバーによるコンピュータシミュレーションの開発を手伝うようになった。年俸は二万ドルにも達せず、昇進の機会もほとんどなく、未来の見通しも立っていなかった。

「すごく幸せだなんてことはなかった」とストラウスは言う。

一九八〇年春、ハレンダーがマネメトリクスを辞める準備を始めると、アックスは、ストラウスを新たなコンピュータ専門家として雇ったらどうかと提案した。ハレンダーが抜ける穴を埋めたいと少々焦っていたシモンズは、ストラウスの経歴に感心して、いまの二倍の給料を払うと持ちかけた。ストラウスは悩んだ。すでに三五歳、コンピュータセンターの給料では、妻と一歳の子供を養うのは難しい。でもあと二、三年勤めれば、大学でテニュアに相当する地位に就けるかもしれない。父親や友人も、みな同じアドバイスをくれた。安定した職を捨てて、潰れるかもしれない無名のトレーディング会社に就職しようだなんて考えるな、と。

ストラウスはそのアドバイスを無視してシモンズの誘いに乗ったが、危険を避けて両賭《ヘッジ》けするために、すぐには大学を辞めずに一年間の休職を申請した。新たな社員を迎え入れたアックスは、ストラウスにコンピュータモデルの構築を手伝ってくれと頼んだ。そして、「テクニカル分析」に基づいてコモディティや通貨や債券の先物に投資したいのだと説明した。テクニカル分析とは、過去の市場データのパターンに基づいて今後の動向を予測することを狙う、昔ながらの手法である。アックスはストラウスに、過去の情報をできる限り掘り下げて、予測モデルを改良してくれと指示した。

ストラウスが価格のデータを調べていくと、いくつもの問題に突き当たった。当時、証券取引所にずらりと並ぶテレレートの端末には、投資家が情報を収集分析するためのインターフェースが備わっていなかった（その数年後、マイケル・ブルームバーグという名の失業中のビジネスマンが、その機能やさらにいくつもの改良点を組み込んだ競合マシンを投入する）。

ストラウスはカスタムメイドのデータベースを完成させるために、インディアナ州にあるダン＆ハーギットという会社から過去のコモディティの価格のデータが入った磁気テープを購入し、そのデータを、自社が収集してきた過去の情報と統合させた。もっと最近のデータについては、日々の始値と終値、高値と安値を入手した。さらには、さまざまなコモディティを含む先物の「ティックデータ」、つまり一日の中での価格変動を記録しているデータを見つけてきた。そこでストラウスらは、アップルⅡコンピュータを使って、増えつづける貴重なデータを収集保存するプログラムを書いた。

誰もストラウスに、そんなに大量のデータを調べ上げろなどとは指示していなかった。シモンズとアックスは始値と終値だけで十分だろうと感じていた。ストラウスが集めていたデータを残らず活用する術も持ち合わせていなかったし、コンピュータの処理能力もいまだ低かったので、データを増やしたところで何も変わらないだろうと思っていたのだ。それでもストラウスは、いつか役立つときのためにデータを集めつづけることにした。

ほかの誰かが価値に気づく前に価格のデータを探し出すという取り組みに、ストラウスは少しずつ取り憑かれていった。シモンズのチームからいつか求められた場合に備えて、株式取引に関する情報も収集した。ストラウスにとってデータ収集は、自己満足感を満たすものとなっていったのだ。

しかし山のようなデータを見渡したストラウスは、不安を感じはじめた。いくつかのコモディティの価格が、長時間にわたって変動していないように見えたのだ。おかしい。二〇分のあいだ一件も取引がなかったとでもいうのか？　さらに何年か前には、ほかの市場が活況なのに、シカゴでだけ二日間にわたって先物の取引が一件もないという、奇妙なデータの欠落があった（実は大洪水でシカゴでの取引が中断したのだった）。

このようなデータの不整合にストラウスは悩んだ。そこで一人の学生を雇い、収集した価格データの中から異常な急騰や急落、あるいは欠落を見つけ出すプログラムを書かせた。アックスの部屋の隣、シモンズの部屋からはらせん階段を下ったところにある、窓のない小さなオフィスでストラウスは、商品取引所発行の年鑑、先物の価格表、『ウォール・ストリート・ジャーナル』を含む各紙のアーカイブなどさまざまな資料を使って、自分の収集した価格データをチェックするという、骨の折れる作業に取りかかった。そこまでこだわれとは誰にも指示されていなかったが、ストラウスはデータ純粋主義者となって、世界中の誰一人ほとんど気にしないようなデータをかき集めては、クリーニング（誤りや欠落を修正）していった。

天職を見つけるのに何年もかかる人もいれば、一生見つけられない人もいる。ストラウスの天賦の才能も、このときにようやく表れはじめた。ほかのトレーディング会社や、あるいは前の年だったら、ストラウスのように正確な価格データにこだわるのは筋違いだとみなされて、もしかしたら少し狂気じみているとさえ受け取られていたかもしれない。しかしストラウス本人は、誰も目をつけていない隠された財宝の痕跡をたどる探検家のつもりでいた。データを収集してクリーニングするトレーダーはほかにもいたが、ストラウスほど大量のデータを集めている人など誰もおらず、ストラウスはいわばデータの導師となっていった。困難な課題と未来への期待に奮い立ったストラウスは、明確な人生の決断に至った。

〝あんなコンピュータセンターには戻らないぞ〟

アックスの不満

ストラウスの収集したデータのおかげで運用成績を上げ、自分たちの方法を楽観的にとらえるにつれて、アックスはそれまでなかったような気分を抱くようになった。確かに、いまだギャンブルをしたり、ラケットボールやボウリングをしたりはしていた。ラスベガスに行ってバックギャモンの世界アマチュア選手権で三位を獲得し、『ニューヨーク・タイムズ』に取り上げられたこともあった。

「あいつは競争をせずにはいられなかった。そして勝たずにはいられなかった」と、同じくプログラマーのレジー・ダガードは言う。

だがアックスは、それまでに出合ったどんな課題にも増してトレーディングは面白くて刺激的だと気づいていた。そこで、将来の価格を予測できることを期待して、ストラウスと一緒に、過去の価格の動向からトレーディングモデルを導くプログラムを組んだ。

「うまくいきそうだな」とシモンズはアックスに声を掛け、二人の新たな方法論を後押しした。

さらなる手助けを求めていたシモンズは、ストーニーブルック校の評判の良い数学者ヘンリー・ラウファーに、週一日だけ手を貸してくれないかと頼んだ。アックスは数論学者でラウファーは複素関数の研究者と、二人はそれぞれ異なる数学分野の手腕の持ち主で、手を組めばうまくいきそうに思えた。しかし性格は正反対だった。以前レニー・バウムが使っていたオフィスに収まったラウファーは、ときどき自分の幼い子供をチャイルドシートに座らせてオフィスに連れ込み、それをアックスは横目でにらんでいた。

ラウファーはコンピュータシミュレーションを作って、トレーディングモデルにさまざまな戦略を追加すべきかどうかを確かめた。その戦略の多くは、価格は上昇または下降したあとで元に戻る傾向があるという考え方に基づいていた。たとえば、前日の終値に比べて異常に安い値で取引が始まった先物を買い、前日の終値よりもずっと高い値で取引が始まった先物を売るという戦略である。シモンズは、進化しつづけるそのシステムに独自の改良を施す一方で、チームには全員一緒に取り組んで成果を分かち合うよう強く求めた。アックスはその要求にしばしば悩まされ、自分は十分な評価と報酬を得ていないと不満を感じた。

ある日、アックスはシモンズに、「ヘンリーは自分の役割を大げさに吹聴している」と文句を言った。

「心配するな。二人とも同じように扱うから」

シモンズのこの答えにも、アックスはけっして気が収まらなかった。そしてそれから六カ月間、ラウファーと口をきこうとしなかったが、ラウファーは自分の仕事に集中するあまりそれにほとんど気づかなかった。

アックスはオフィスの中で、陰謀論、とくにケネディ暗殺に関する話をまくし立てた。また社員たちに、博士号を持っている自分を敬って「ドクター・アックス」と呼ぶよう迫った（社員たちは従わなかった）。あるときなど、ペニー・オルバージーンを呼びつけて、隣の駐車場に止まっている車に反射する太陽の光がまぶしいから、ドライバーに車を移動させるよう言ってきてくれと頼んだ（オルバージーンは、その車の持ち主が見つからなかったふりをした）。

「彼は自分に自信がなくて、いつも間違ったものの見方をしていました。彼の気分を害したり怒らせたりしていないか、いつも気が気じゃありませんでした」とオルバージーンは言う。

アックスと彼のチームは、収益こそ上げていたものの、その取り組みから何か特別なものが生まれるような兆しはほとんどなかった。シモンズにトレーディング事業を続ける気があるかどうかすら、定かでなかった。ある社員がグラマン社から誘いを受けると、ストラウスはその社員が退職を決断する後押しをした。グラマン社は軍事メーカーとして安定した企業で、契約時には無料でターキーまでくれた。転職に悩むはずもなかった。

アックスとストラウスがカリフォルニアへ

一九八五年、アックスは引っ越したいと言い出して、シモンズを驚かせた。もっと暖かい場所で暮らして、一年中、セイリングやサーフィンやラケットボールをしたかったのだ。ストラウスも北東部の寒さから逃れたいと思っていた。シモンズは突っぱねるわけにもいかず、二人が西海岸へトレーディング事業を移すことを認めた。

ロサンゼルスから六〇キロ離れたカリフォルニア州ハンティントンビーチに腰を落ち着けたアックスとストラウスは、アックスコム・リミテッドという新会社を設立した。シモンズは、トレーディングの手助けをして、この新会社の顧客とのやり取りを引き受ける見返りに、収益の二五パーセントを受け取ることで合意した。アックスとストラウスは投資商品の運用をおこない、所有権の残り七五パーセントを等分で得る。西海岸に行く気がなかったラウファーは、ストーニーブルック校での教職に戻ったが、空き時間にはシモンズとともにトレーディングを続けた。

シモンズには打ち明けなかったが、アックスには引っ越したい理由がもう一つあった。離婚の悲しみをいまだ背負っていて、離婚の原因を元妻に押しつけていたのだ。アックスはニューヨークを去ると、以前に父親が自分と縁を切ったのと同じように、子供たちを手放した。それから一五年以上、息子たちと言葉を交わすことはなかった。

＊

ハンティントンビーチのオフィスは、大手石油会社シェブロンの子会社が所有する二階建てのオフィスビルの二階にあり、そこは最先端のトレーディング会社が入っているとは誰も思わないような場所だった。駐車場ではいくつもの油井ポンプが動いていて、原油のにおいがそこいらに漂っていた。ビルにはエレベーターがなかったため、ストラウスはディスク容量三〇〇メガバイトの大型のＶＡＸ－11／750をオフィスに運び込むために、作業員たちとともに階段昇降機を使った。容量九〇〇メガバイトで大型冷蔵庫ほどの大きさのあるグールド社のスーパーミニコンピュータは、トラックからフォークリフトに載せ替えて、二階のバルコニーから搬入するしかなかった。

一九八六年にはアックスコムは、イギリスポンドやスイスフラン、ドイツマルクやユーロドル、および小麦やトウモロコシや砂糖などのコモディティを含む、計二一種類の先物のトレーディングをしていた。ほとんどの売買はアックスとストラウスが編み出した数式に基づいておこなわれたが、アックスの個人的な判断に基づいて売買することも何度かあった。毎日、取引開始前と夕方の取引終了直前にコンピュータプログラムが、別企業のブローカーであるグレッグ・オルセンに電子メッセージで売買注文と単純な売買条件を送信した。たとえば、「小麦が四ドル二五セントよりも高値で開いたら、三六株売れ」といった具合だ。

オルセンは先物の売買を、商品や債券の各取引所にいるフロアブローカーに電話するという昔ながらの方法でおこなっていた。部分的に自動化されたこのシステムは、ときにはめざましい運用成績を上げたものの、チームには不満が残っていた。一つの大きな問題は、シモンズもハンティントンビーチのオフィスのチームも、収益を上げる新たな方法を開拓したり、ライバルに気づかれた従来の戦略を改良したりできていなかったことである。シモンズは太陽の黒点や月の満ち欠けがトレーディングにおよぼす影響がないかどうかまで検討したが、確実なパターンはほとんど見つからなかった。いとこが天気予報会社のアキュウェザーに勤めていたストラウスは、ブラジルの気象記録を提供してもらう契約を結んで、コーヒーの価格を予測できないかどうか確かめたが、やはり時間の無駄だった。世論や、同業の先物トレーダーの持ち株に関するデータからも、信頼できる傾向はほとんど見いだせなかった。

アックスは新たなアルゴリズムの探索に時間をつぎ込む一方で、ラケットボールをやったり、ウインドサーフィンを習ったりして、中年特有の無気力にも対処した。肩幅が広く筋肉質で、ウエーブのかかった茶色の髪のアックスは、落ち着き払ったサーファーのように見えたが、カリフォルニアに来たところでけっしてリラックスしてはいなかった。

アックスは集中的な減量コンテストを開いて、オフィスの同僚を打ち負かす決意を固めた。あるときなど、最初の計量前にメロンを何キロも胃袋に流し込んだ。メロンは水分が多いので、素早く減量できるという算段だった。別のときには、減量効果を狙って、日が照りつける中を必死で自転車を漕《こ》いで出勤した。着いたときには汗だくだったため、下着を乾かそうとオフィスの電子レンジに掛けた。数分後、電子レンジが火を噴き、社員が大慌てで消火器を取りにいく事態となった。

シモンズは年に何度かカリフォルニアへ飛んで、考えられるトレーディングの方法について話し合ったが、新たな展開が開けるよりもがっかりすることのほうが多かった。カリフォルニアに暮らす社員の中には、健康に気を遣った生活スタイルを取り入れている者もいた。それに対してシモンズは、メリットという銘柄のたばこをいまだに一日三箱も吸っていた。「オフィスでたばこを吸っている彼のそばには誰も近づきたがらなかった」と当時の社員は言う。「だからランチに外に出たり、彼をできるだけ長く外で仕事させようと画策したりした」

シモンズは、ランチが終わったらオフィスへ戻ってくるようそれとなく促したが、チームはシモンズのたばこの煙が充満した部屋に閉じ込められるのがどうしても嫌で、オフィスに戻らない言い訳をあれこれでっち上げた。

ある日のランチの後、一人の社員がシモンズに、「なあジム、外はいいぞ」と声を掛けた。すると別の社員が、「そうだな、このまま外で仕事をしよう」と相槌《あいづち》を打った。

シモンズも首を縦に振ったが、社員たちの屋内に戻る足取りが重い本当の理由には気づいていなかった。

トレーディングモデルに確率方程式を導入

やがてアックスは、さらに高度な方法でトレーディングをするしかないと腹を決めた。それまで、もっと複雑な数学を使ってトレーディングのための公式を立てようとしたことはなかった。その理由の一つに、コンピュータのパワーが十分ではなさそうだということがあった。でも、ここは挑戦時かもしれない。

アックスはかなり以前から、金融市場には、現在の状態のみに基づいて次の出来事が決まるような出来事の連鎖、いわゆるマルコフ連鎖と同じ特徴があると考えていた。マルコフ連鎖では、途中の各ステップを確実に予測するのは不可能だが、何か有効なモデルに基づいて未来のステップをある程度の精度で予測することならできる。一〇年前にシモンズとバウムがIDAで仮想的なトレーディングモデルを編み出したときにも、二人は市場をマルコフ連鎖に似たプロセスとして記述していた。

アックスは予測モデルを改良するために、確率方程式を導いた経験のある人を引き込むべきだと判断した。確率方程式とは、マルコフ連鎖を含む一群の方程式のことで、高い不確実性を伴いながら時間とともに発展する「動的プロセス」をモデル化するものである。ストラウスも少し前に、確率方程式に基づくトレーディングモデルが価値ある道具になりうると論じた学術論文を読んでいた。そこで、アックスコムにはさらなる数学者の人材を呼んでくる必要があるというアックスの意見に同調した。

それからしばらくした頃、近くのカリフォルニア大学アーバイン校の教授ルネ・カルモナのもとに、友人から一本の電話がかかってきた。

「確率微分方程式に取り組んでいて助っ人を探している数学者グループがあるんだ」とその友人は言った。「君は詳しいかい?」

フランス出身の四一歳、のちにプリンストン大学の教授となるカルモナは、市場や投資のことはあまり知らなかったが、確率微分方程式は専門分野だった。確率微分方程式を使うと、一見ランダムなデータを使って予測をすることができる。たとえば天気予報のモデルには、比較的精確な推測をするために確率方程式が使われている。数学のプリズムを通して投資をとらえていたアックスコムのチームのメンバーは、金融市場のことを、少なくとも長期にわたる振る舞いを予測するのは難しく、複雑に発展するシステム、ちょうど確率過程のようなものとして理解していた。

彼らが確率過程と投資との類似性に気づいた理由は、容易にうかがい知ることができる。一つに、シモンズとアックスとストラウスは、一部の学者などが論じる、市場は真に「ランダムウォーク」で完全に予測不可能であるという説を信じていなかった。確かに天気と同じくランダムな要素を含んでいるが、シモンズやアックスのような数学者なら、先物の価格もほかの確率過程と同じように、確率分布でとらえられると主張するはずだ。アックスが、そのような数学表現をトレーディングモデルに使えるだろうと考えたのは、そのためだった。カルモナを雇えば、投資商品の価格をある程度の幅を持って予測するモデルを編み出して、運用成績を上げてくれるかもしれない。

カルモナもぜひ手を貸したいと思った。当時、地元の航空宇宙メーカーの顧問を務めていたが、週に数日、アックスコムのために働いてさらに稼ぐというアイデアを気に入ったのだ。この会社の運用成績を上げるという課題にも興味を惹かれた。

「目標は、何か数学モデルを考え出して、それを枠組みとして使って何らかの結果や結論を推測することだった」とカルモナは説明する。「一番大事なのは、つねに正解じゃなくても、十分に多くの場合に正解であることだ」

この方法論がうまくいくという自信もなかったし、その方法論が、当時のほとんどの投資家が使っていたあまり定量的でない投資戦略よりもはるかに優れているかどうかも、確信が持てないでいた。

「もし人間心理や、取引所のトレーダーのことをもっとよく知っていたら、そういう投資戦略を取っていたかもしれない」とカルモナは言う。

当初カルモナは、ストラウスのデータを使ってアックスコムの既存の数学モデルを改良しようとしたが、その方法ではあまり有用な改善にはつながらなかった。カルモナのモデルはアックスコムがそれまで使っていたものより高度だったが、大幅に優れているようには思えなかった。のちにルネサンス社は、リスク管理とオプションの価格予測のために確率微分方程式を本格的に用いることになるが、このときにはまだこれらの手法から収益を上げる術を見つけられず、カルモナは忸怩《じくじ》たる思いを抱いていた。

機械学習の手法を取り入れる

一九八七年、カルモナは罪悪感にさいなまれていた。アックス個人のボーナスの一部を報酬として受け取りながらも、会社にほとんど貢献できていなかったからだ。そこで、その夏はアックスコムでフルタイムで働いてモデルの構築にもっと多くの時間を捧げ、さらなる成功につなげようと心に決めた。ところがほとんど前進せず、ますます思い悩んだ。アックスとストラウスは気にしていない様子だったが、カルモナは本当に申し訳ないと感じていた。

「彼らからお金をもらっているのに、本当に何一つうまくいっていなかった」とカルモナは言う。

そんなある日、カルモナは思いついた。それまでアックスコムは、価格のデータに基づいて取引をする上で、「ブレイクアウト」シグナルに頼るなど、さまざまな方法論を使っていた。また、単純な線形回帰も用いていた。線形回帰とは、二つのデータセットまたは変数のあいだの関係性が線形に保たれると仮定した上で、その関係性を分析するという手法で、多くの投資家が基本的な予測ツールとして頼りにしていたものである。原油価格を

x軸に、ガソリン価格をy軸にプロットして、そのグラフ上の各点を貫く「回帰直線」を延長すれば、原油価格があるレベルのときにガソリンスタンドでの支払額がいくらになるかを、たいていはかなりよく予測できる。

しかし、市場の価格はかなりばらついてる場合もある。思いがけない吹雪やパニック売りや不穏な地政学的出来事によってたびたび大混乱に見舞われる、複雑で変動性の高いコモディティなどの市場で、将来の価格を予測しようとする場合、データポイントを貫く単純な線形回帰に頼ったモデルではたいていうまくいかない。一方、この頃までにストラウスは、過去のさまざまな期間にわたる各コモディティの終値を記録した何十ものデータセットを収集していた。そこでカルモナは、市場のデータに見られる非線形な関係性を把握するための回帰法が必要だという考えに至った。

そうして、ある異なる方法論を提案した。コンピュータを使って、ストラウスが収集したデータの中から関係性を探し出すというアイデアだ。もしかしたら、かなり以前に似たような市場環境の実例が見つかって、そのときに価格がどのように反応したかを調べられるかもしれない。類似の市場環境を特定して、その後に価格がどのように変動したかを追跡すれば、高度で精確な予測モデルを編み出して、隠れたパターンを見つけ出せるだろう。

だがこの方法論を実現させるには、ストラウスらがそれまでに収集したよりもさらに大量のデータが必要だった。ストラウスはこの問題を解決するために、データを単に集めるだけでなく、「モデル化」しはじめた。つまり、過去のデータの欠落を埋めるために、コンピュータモデルを使ってその欠落部分を推測したのだ。たとえば一九四〇年代以降の綿花の価格データが不足していたが、そのデータは作り出せば十分かもしれない。ジグソーパズルで、すでに並べてあるピースから、なくしてしまったピースの絵柄を推測するのと同じように、アックスコムのチームは、欠けているデータを推測してそれをデータベースに入力した。

カルモナは、そのモデル自体がさまざまなデータをすべて取り込んでは売買の決定を出力するという方法を提案した。いわば初期型の機械学習システムを提唱したわけだ。このモデルは、カルモナを含め誰も理解できないし肉眼でも見つけられないような、複雑なパターンやクラスターや相関性に基づいて、さまざまなコモディティの価格を予測することになる。

世間の統計学者はこれに似た「カーネル法」と呼ばれる方法を使って、データセットに潜むパターンを分析していた。ロングアイランドに戻ったヘンリー・ラウファーも、自身の研究でそれに似た機械学習の手法に取り組んでいて、その戦術をシモンズらに提供できる立場にあった。だが、カルモナはその研究のことを知らなかった。単に高度なアルゴリズムを使って、現在の価格データの中から過去と似たようなパターンを見つけ出すための枠組みを構築しようと提案しただけだったのだ。

「これを使わない手はないぞ」とカルモナは仲間たちにせっついた。

その方法論を聞かされたシモンズは、顔面蒼白《そうはく》になった。それまで頼りにしていた線形方程式がはじき出す取引や資産配分の提案は、シモンズでも理解できた。それに対して、カルモナのプログラムがなぜこれこれの結果を導いたか、その理由は判然としなかったのだ。カルモナの手法の土台をなすモデルは、シモンズらが一連の標準的な方程式に還元できるような代物ではなく、そのことにシモンズは頭を抱えた。カルモナの示してくる結果は、何時間もプログラムを走らせ、コンピュータが勝手にパターンを探し出して取引を提案してきたものだった。シモンズにとっては、正しいとは感じられなかったのだ。

ある日、シモンズは、「これが言ってくることには納得できない。［このプログラムが売らずに買えと指示してきたのが］どうしてなのか理解できない」とチームにこぼした。

やがてシモンズはますます不快感を募らせ、「ブラックボックスじゃないか！」と腹を立てるようになった。

カルモナもうなずきはしたが、それでも貫き通した。

「データに従えばいいんだよ、ジム。俺じゃなくてデータにだ」

カルモナと友情関係を深めつつあったアックスも、この方法論を信じて弁護するようになった。

「うまくいくんだ、ジム。しかも合理的に筋が通ってる……人間には価格を予測できないのさ」

コンピュータに任せておけ、とアックスは迫った。シモンズもかつてはまさにそれを望んでいた。それでも、この過激な方法論はまだ信じ切れなかった。頭の中では、モデルに頼るというアイデアには大賛成だった。しかし心の中では、まだそこまで踏み切れていなかったらしい。

「ジムは、モデルが何をしてるのかを知りたがった。カーネル法がさほど好きじゃなかったんだ」とストラウスは振り返る。

その後も、ストラウスと仲間たちが過去の価格データをさらに作り出したり発見したりして、それを手掛かりにアックスが、カルモナの提案に従った新たな予測モデルを編み出していった。のちに彼らが見つけた週ごとの株式取引データの中には、それまでほぼ誰も信頼できる形で入手できなかった、一八〇〇年代にまでさかのぼるものもあった。このときにはまだチームは、このデータをさほど活用できていなかった。しかし、過去の記録を調べて、異常な出来事に市場がどのように反応するかを見極める能力は、のちにシモンズのチームが、市場の暴落など予想外の出来事から収益を得るためのモデルを構築する上で役に立ち、恐慌時にこの会社が大勝ちするのに寄与することとなる。

アックスコムのチームは、この方法論の検証を始めるとすぐに、運用成績が上がることに気づきはじめた。採用した「高次元」カーネル回帰法は、あるトレンドの中で投資商品がどれだけの期間にわたって値上がり、または値下がりを続けるのかを予測するためのモデル、いわゆる「トレンディング」モデルとして、最適な代物のように思えた。

しかしシモンズは、もっといけると確信していた。カルモナのアイデアは確かに役に立っているが、十分ではない。シモンズはさらに運用成績を上げようと、アックスコムに電話をかけたり直接訪れたりもしたが、たいていは「ファンド管理者」に徹して、裕福な投資者を見つけてきては満足させたり、いまやこの会社が預かる一億ドルの運用資産の約半分を占める、さまざまなテクノロジー企業への投資に携わったりした。

さらなる数学者の人材を欲しがったシモンズは、尊敬を集める一人の学者にこの会社の顧問を務めてもらえるよう手はずを整えた。この行動が、のちの歴史的なブレークスルーの下地となる。

第5章

別れと出会い

すべての赤ん坊とかなりの数の成人にとっては、
お金よりも好奇心のほうが大きな動機になると、
俺は強く思っている。

エルウィン・バーレカンプ

遊びながらゲーム理論を学ぶ

「エルウィン・バーレカンプは金融革命に貢献するかもしれない」

彼がかなりの歳になるまでは、もし誰かがそんなことを言ってもきっと悪い冗談に聞こえたことだろう。

オハイオ川の南岸沿いにあるケンタッキー州フォートトーマスで育ったバーレカンプは、教会での生活と数学のゲームに没頭し、運動はできる限り避けていた。父親のウォールドー・バーレカンプは、アメリカでもっとも規模が大きくもっともリベラルなプロテスタントの宗派である、福音改革派教会（現在の統一キリスト教会）の牧師だった。優しくて情け深いウォールドーは、世界キリスト教会統一運動のリーダーとして、いくつものプロテスタント教会とカトリック宗派の共同礼拝を取り仕切り、人の心をとらえる説教と魅力的な性格で忠実な信奉者を集めた。一家が引っ越すときには、お別れパーティーに四五〇人もの信者が集まり、親愛と感謝の印としてウォールドーにデソートの新車をプレゼントした。

奴隷廃止運動の歴史を誇りにする、シンシナティ郊外の人口一万の町フォートトーマスで育ったエルウィンは、南部を強く毛嫌いし、自分が興味を持ったことならそれがどんなに人気がなくても信念を持って突き詰めた。小学校のクラスメイトたちが運動場でタックルしたりボールを投げたりレスリングをしたりする中、生真面目で痩せたバーレカンプは、教室の中で別の方法で競い合っていた。数人の友人と一緒に、紙に鉛筆でいくつもの点を打ち、それから一人ずつ順番に線を引いたり、点をつないだり、四角形を作ったりしたのだ。一〇〇年前からあって当時中西部で流行していた、ドット・アンド・ボックスという戦略ゲームである。単純な子供の遊びだと見る人もいたが、驚くほど複雑なゲームで、バーレカンプがのちに深く理解することになるような数学的な構造を持っている。

「小さい頃からゲーム理論を学んだっていうわけだ」とバーレカンプは言う。

一九五四年、フォートトーマス・ハイランズ高校に入学した頃のバーレカンプは、身長一七八センチで身体は針金のように細く、教室の内外で何をすれば楽しいかをよくわきまえていた。学校ではそれはもっぱら数学と科学だった。クラスメイトの中でも飛び抜けた知性が注目され、学級委員長に選ばれた。ほかの科目にも興味を持っていたが、文学に対する情熱は、一学期の半分を小説『風と共に去りぬ』の読解に費やすと言い張る教師のせいでほぼ完全に潰された。

スポーツはけっしてバーレカンプの興味対象ではなかったが、それでも参加しなければというプレッシャーは感じていた。

「オタクは人気がなくて、愛校心がすごく重んじられていたので、みんなに合わせてスポーツチームに入ることにしたのさ」

バーレカンプは計算して、水泳がもっとも分が良いと判断した。

「水泳チームは人が足りなかったから、少なくとも追い出されはしないだろうと思った」

水泳チームの少年たちは、毎晩、地元のYMCAのプールで素っ裸で泳いだ。塩素が大量に入っていて、洗い流すのに何時間もかかった。水泳チームに人気がなかったのはそのためだろう。コーチが練習中ずっと怒鳴っているのも一因だったのかもしれない。コーチの罵りの矢面にしょっちゅう立たされたのは、一番遅くて弱いバーレカンプだった。

「おい、バーレカンプ! パンツから鉛を出せ!」〔「もっと速く泳げ」という意味の慣用句〕とコーチは怒鳴った。

素っ裸だったバーレカンプは、なんて無意味な言い回しだろうかと思った。

バーレカンプは泳ぎが遅かったし、身体の調子も良くはなかった。大会で何度か第二位に入ってメダルをもらったが、その競技に登録していた選手はほかに一人しかいなかった。

一九五七年の州大会では何かの手違いで、もっとずっと強い選手を相手にリレー競技に出ざるをえなくなった。しかし幸いにも、チームメイトたちが大きなリードを取ってつないでくれたおかげで、いくらバーレカンプでも追い抜かれずに済んだ。チームは金メダルを取り、バーレカンプは一瞬だけスポーツで脚光を浴びて、貴重な人生訓を得た。

「良いチームに入ることだ」

（そのリレーチームのアンカーを務めたジャック・ウォズワースJr.が、何十年か後、投資銀行に勤めていたときに、アップルコンピュータという名前のベンチャー企業の新規株式公開を取り仕切った）

バーレカンプは大学を選ぶ上で、二つの条件を決めていた。世界クラスの教授陣を有することと、スポーツ教育が重視されていないことである。社会ではスポーツが重んじられすぎていると思い込んでいたし、スポーツに関心があるふりをするのももう懲り懲りだったのだ。

そこで、マサチューセッツ工科大学が当然の選択肢となった。「ＭＩＴにはフットボールチームがないと聞いて、俺にぴったりの大学じゃないかと思った」とバーレカンプは言う。

投資・金融の世界との出合い

マサチューセッツ州ケンブリッジにやって来たバーレカンプは、物理学、経済学、コンピュータ科学、化学をかじった。そして一年生ですでに、ジョン・ナッシュが教える上級の微積分クラスを受講できるメンバーに選ばれた。ゲーム理論学者で数学者であるナッシュは、のちにシルビア・ネイサー著『ビューティフル・マインド』で不朽の名声を得る。

一九五九年初頭のある日、ナッシュが黒板に向かって講義をしていると、一人の学生が手を挙げて質問してきた。するとナッシュは、その学生のほうを向いて強くにらみつけた。妙な沈黙が数分間続いたかと思うと、ナッシュはその学生を指差して、「私の講義を中断させるとは、なんて遠慮知らずなんだ」と叱り飛ばした。

「狂人みたいだった」とバーレカンプは振り返る。

その後もこのような出来事がたびたび起こり、周囲の人はナッシュが精神を病みはじめていることに感づいた。数週間後、ナッシュはMITを退職し、統合失調症の治療のために地元の病院に入院した。

バーレカンプは、受講したほとんどの科目を難なくこなした。ある年には一学期中に八科目でAの成績を取ったが、人文学で一科目だけCだったため、成績評価平均値（GPA、満点五・〇）は四・九となった。四年生のときには一流の数学コンテストで優勝してパトナム奨学生に選ばれ、そのままMITで博士課程に進学した。そして電気工学を専攻し、ピーター・イライアスやクロード・シャノンのもとで学んだ。イライアスとシャノンが切り拓いた情報理論は、電話の音声信号や文章や画像などの情報を定量化したり、暗号化したり、送信したりするための画期的な方法論で、のちにコンピュータやインターネットなどあらゆるデジタルメディアの礎となる。

ある日の午後、バーレカンプが大学の廊下でシャノンとすれ違った。身長一七八センチで痩せ形のシャノンは内向的な性格で知られていたため、バーレカンプはシャノンに目を掛けてもらおうととっさに考えた。

そして、「図書館で先生の論文をチェックしにいくところなんです」と口走った。するとシャノンはしかめ面をして、こう答えた。「そんなことをするな。自分で導いてみればもっとたくさん学べる」

そして、まるで何か秘密を打ち明けるかのように、バーレカンプを壁際へ引き寄せた。

「いまは市場に投資するときじゃない」

人にはあまり話していなかったが、シャノンは株式市場で勝つための公式を組み立てはじめていた。そしてちょうどこのとき、その公式は警告サインを点灯させていたのだ。バーレカンプは必死で笑いを堪えた。銀行口座にほとんどお金がなかったので、シャノンの警告もバーレカンプにとっては無意味だったのだ。しかもバーレカンプは、金融に対して否定的な見方をしていた。

「金持ちどうしで遊んでいるただのゲームで、たいして世界のためにはなっていないと感じていた」とバーレカンプは言う。「いまでもそう感じている」

自分の尊敬する人物が株取引をしていたという事実に、若きバーレカンプはショックを受けた。

「本当に驚いたよ」

一九六〇年と六二年の夏のあいだ、バーレカンプは、ニュージャージー州マレーヒルにある名高いベル研究所の研究センターで研究助手を務めた。上司のジョン・ラリー・ケリーJr.は、間延びした強いテキサス訛りのハンサムな物理学者で、その幅広い興味やさまざまな習慣の多くに、バーレカンプは最初のうちは感心しなかった。第二次世界大戦中に海軍のパイロットを四年間務めていたケリーは、リビングの壁にバカでかいライフルを飾り、たばこを一日六箱吸い、プロとカレッジのフットボールに熱中し、ゲームスコアを予想する新型の賭けシステムまで導入した。

研究がうまくいっていないときは、バーレカンプには聞き慣れない言い回しを使った。ある日など、「くそむかつく積分め」と叫んでバーレカンプをぎょっとさせた。

このようにときには荒っぽさを見せるケリーだったが、バーレカンプはそれまで、これほど聡明な科学者に出会ったことはなかった。

「驚いたことに、ケリーの数学は全部正しかった」とバーレカンプは言う。「それまで南部人はバカだと思っていたけど、ケリーのおかげで見方が変わったのさ」

その何年か前にケリーは、ネットワーク内を伝わる情報を解析するために開発したシステムを論文上で発表していた。その戦略はさまざまな賭け事にも通用するものだった。ケリーはこのアイデアを実証するために、競馬で儲ける方法を編み出した。どうにかして十分な情報を入手して、ブックメーカーが設定するオッズを無視できさえすれば、もっと正確な確率、つまり「真のオッズ」に基づいてどのような賭け方が理想的かを、ケリーのシステムは提案してくれるのだ。

ケリーの公式は、情報理論に関するシャノンの以前の研究に基づいていた。バーレカンプは、ケリーの家で晩にブリッジをしたり、科学や数学などについて議論したりするうちに、馬に賭けるのと株に投資するのは、どちらも確率が大きな役割を果たしていて互いに似ていると気づいた。二人はまた、有利な立場に立つには正確な情報がどれだけ必要で、どれだけの金額を賭けるのが適切なのかも議論し合った。

ケリーの研究では、賭け金の額をうまく決めるのが重要であることがはっきりと示されていて、のちにバーレカンプはその教訓に従うこととなる。

「俺は金融には興味ゼロだったが、ここでケリーはこのポートフォリオ理論にあれこれ取り組んでいた」

バーレカンプも徐々に、金融にまつわる知的課題、そして金銭的見返りを高く買うようになっていった。

シモンズからの誘い

一九六四年、バーレカンプは、マンネリ化した生活にどっぷり浸かってしまっていることに気づいた。しかも、付き合っていた若い女性と別れてめそめそしていた。そんなとき、カリフォルニア大学バークレー校から、教職に就くための面接を受けに来ないかと誘われて、そのチャンスに飛びついた。

「雪が降っていて寒かったから、一息つく必要があったんだ」

結局、バーレカンプはその職を引き受け、バークレーで博士論文を完成させて電気工学の准教授となった。ある日、アパートでジャグリングをしていると、階下から床を叩く音が聞こえてきた。バーレカンプが立てていた音に、下の部屋に住む二人の女性が悩まされていたのだ。謝りに行ったバーレカンプは、イギリスからやって来た学生のジェニファー・ウィルソンと知り合い、二人は一九六六年に結婚した。[1]

バーレカンプはデジタル情報の復号法の専門家となり、火星や金星など太陽系の各天体を調査する探査機から送られてくる画像をNASAが解読する上で力を貸した。さらに、ドット・アンド・ボックスのようなパズルやゲームの研究から導いた原理をもとに、「組合せゲーム理論」という数学の分野を打ち立て、この分野の名著『代数的符号理論』を書いた。また、有限体上の多項式を因数分解するためのアルゴリズム（バーレカンプのアルゴリズムと呼ばれている）を編み出し、これは暗号学などいくつかの分野に欠かせないツールとなった。

だが、大学内での駆け引きの能力はそこまで高くなく、バークレーの人文科学大学院内の各学科どうしで繰り広げられる激しい縄張り争いに巻き込まれてしまう。

「そんなやつとランチをするんじゃないってたしなめられたよ」

バーレカンプは、人間関係にはかなりのグレーゾーンがあって、自分にはそのグラデーションが見分けられないこともあると気づくようになった。それに対して数学は、偏見とは無縁の客観的な答えを導く営みであって、バーレカンプはそこに安らぎと安心感を見いだした。

「人生の真理には幅があって微妙なニュアンスがある。あの学長や人物は気まぐれだとか、怖いとか、何でもかんでも言える。だから俺は数学の問題が好きだ。答えがはっきりしているからね」とバーレカンプは言う。

一九六〇年代後半、暗号理論に関するバーレカンプの研究に、シモンズを雇う非営利法人、国防分析研究所（ＩＤＡ）が関心を寄せてきた。そうしてバーレカンプは一九六八年、ＩＤＡの機密の任務に当たりはじめ、それから何年ものあいだ、バークレーやプリンストンでさまざまなプロジェクトに取り組んだ。その間に同僚がシモンズを紹介してくれたが、ともに数学を愛し、ＭＩＴやバークレーやＩＤＡで歳月を過ごしていながらも、意気投合することはなかった。

「あいつの数学は俺のとは違っていた」とバーレカンプは言う。「しかもジムは、金融をやって金儲けをするっていう衝動が抑えられなかった。あいつは行動するのが好きだ。……いつもポーカーをやったり、市場のことでせかせか動き回ったりしていた。俺はいつもポーカーなんて余計なものだと思っていて、野球やフットボールくらいの興味しかなかった。つまり、ほとんど興味がなかったっていうことだ」

シモンズがストーニーブルックで自分なりの数学科を築いたのと同じ頃、バーレカンプはバークレーに電気工学と数学の教授として戻ってきた。そして一九七三年、暗号を扱うある企業の共同オーナーになると、シモンズも出資してくれるのではないかと思いついた。シモンズは四〇〇万ドルを出資する余裕こそなかったものの、この企業の取締役に名を連ねた。バーレカンプは、シモンズが取締役会で人の話をよく聞き、たばこ休憩で会議をたびたび中断させながらも、理にかなった提案をすることに気づいた。

バーレカンプが設立した、宇宙通信や衛星通信のためのブロックコードを扱う企業が、一九八五年、イーストマン・コダックに買収された。そうして転がり込んできた数百万ドルのお金が、バーレカンプの結婚生活に新たな難題を引き起こすこととなる。

「かみさんはもっと大きな家を欲しがった。でも俺は旅行がしたかった」

新たに手にした財産を守ることに決めたバーレカンプは、トップの格付けの地方債を購入したが、一九八六年春、連邦議会が地方債の免税措置を撤廃するという噂が広がって、その価格が急落した。実際には連邦議会は何も行動を取らなかったが、この経験からバーレカンプは、投資家はときに非理性的に行動するものだということを学んだ。資産を株式に投資しようかとも考えたが、大学の元ルームメイトから、会社の重役は「株主に嘘をつく」ものだから、ほとんどの株式は当てにならないと釘を刺された。

「コモディティに目を向けたらいい」と、その大学時代の友人は言った。

コモディティのトレーディングには複雑な先物契約が関わっていることを知ったバーレカンプは、知人の中でその分野の知識があるシモンズに電話をかけて、アドバイスを求めた。

その電話を受けてシモンズは身震いしたことだろう。

「君にぴったりのチャンスがあるぞ」
シモンズは月に二回、バーレカンプをハンティントンビーチに呼んでトレーディングのしかたを学ばせ、統計情報理論に関する彼の専門知識がアックスコムにとって役に立つかどうかを見極めた。

そして、「下の階に行って、ぜひジム・アックスと話をしてくれ。君みたいな人なら手を貸せるはずだ」とバーレカンプをけしかけた。

以前は投資ビジネスを見下していたバーレカンプも、いまや新たな挑戦に興味津々だった。そして一九八八年、期待に胸を膨らませてハンティントンビーチへ飛んだ。ところがデスクに身を落ち着けるやいなや、アックスがむっとした表情で近づいてきた。

そして自己紹介もそこそこに、「シモンズがお前をここで働かせたいんだったら、お前の給料はあいつが払うべきだ。俺は払うつもりはない」と突っかかってきた。

バーレカンプはあっけにとられた。〝アックスはいますぐにでも俺を追い出したがっている。でも、はるばるバークレーからやって来たんだから、踵《きびす》を返してすぐに帰るなんてごめんだ〟。そこで、テレビドラマ『となりのサインフェルド』の有名なエピソードで、解雇されたジョージ・コスタンザが仕事に戻ってきたときと同じように、アックスと顔を合わせないようにしながらしばらくとどまることにした。

やがてバーレカンプは、アックスとシモンズが、アックスコムの膨らむ経費をどちらが負担すべきかをめぐって長いあいだいがみ合っている最中だったことを知った。シモンズはバーレカンプにそのことを伝え損ねていたのだ。

無視されるバーレカンプのアイデア

チームに優秀な人材を雇い、カルモナたちの力を借りていながらも、アックスコムのモデルは単純で常識的な二つのトレーディング戦略にほぼ絞られていた。あるときには、値が動いているさまざまなコモディティを、そのトレンドが続くという前提のもとで買う「順張り」という戦略を取った。またあるときには、値動きがやがて収まって反転することに賭ける「逆張り」戦略を取った。

ストラウスが過去のクリーンなデータを集めつづけていたおかげで、アックスはライバルたちよりも広範な価格の情報を利用できた。価格は過去と似た動きをすることが多かったため、そのデータを使うことで、トレンドがいつまで続きそうか、いつ収まりそうかを、より精確に見極めることができた。しかも、コンピュータの性能が向上して安価になったおかげで、ますます高度なトレーディングモデルを導けるようになっていた。その中には、シモンズがあれほど不愉快に思っていた初期型の機械学習戦略である、カルモナのカーネル法も含まれていた。こうした強みのおかげでアックスコムは、大方のライバルを上回る、平均約二〇パーセントという年間収益を上げた。

それでもシモンズは、なぜもっと収益を増やせないのかと発破を掛けつづけた。それに加え、ライバルも次々に増えていた。メリルリンチのベテランアナリストであるジョン・マーフィーが、『マーケットのテクニカル分析』という本を著し、その中で、簡単に言えば価格のトレンドを追いかけるトレーディング法を説明していた。

値が上がった投資商品を買って、値が下がったら売るというトレンド戦略は、安値になったら買って高値になったら現金化することを勧める、有力な学問的理論とは相反するものだった。ウォーレン・バフェットなどの有名投資家も「バリュー投資」を好んでいた。その一方で、ヘッジファンドマネージャーのポール・テューダー・ジョーンズなど一部の攻撃的なトレーダーは、シモンズのチームが頼りにするのに似た「トレンドフォロー」戦略を取っていた。そのためシモンズには、ライバルに追いつかれないための新たな方法論が必要だった。

バーレカンプは自分なりのアイデアを提案しはじめた。そしてアックスに、アックスコムのトレーディングモデルは取引量を適切に調節していないのではないかと意見した。ケリーから得た教訓どおり、儲かるチャンスが高いとモデルが示してきたときには、もっと大口で売買したほうが良いというのだ。

ある日、バーレカンプは「ここで買い増すべきだ」と提案した。

しかしアックスは気に掛けない様子で、「このままだ」とおざなりな返事をした。

バーレカンプは、アックスコムの運営にほかにもいくつかの問題点を見つけた。アックスコムは、金や銀や銅などの金属とともに、豚肉などの食肉や、穀類などのコモディティも取引していた。しかし、いまだにそれらの売買注文は、一日の取引の開始時と終了時に、ブローカーのグレッグ・オルセンにEメールで指示するという方法でおこなっていた。また、一つの投資商品を数週間や、ときには数カ月持ちつづけることも多かった。

市場はときに激しく変動するのだから、それは危険なやり方だとバーレカンプは訴えた。頻繁に取引をしなければ、値が上がったときに新たなチャンスに飛び乗れないし、幅広い銘柄が下落したときに損失が出てしまう。バーレカンプはアックスに、もっと短期間の小さなチャンスを探して、素早く売買を繰り返すよう迫った。だがアックスは、頻繁な取引にかかるコストを理由に挙げて、またもや提案をはねつけた。しかも、ストラウスが収集した日中の価格データはまだ完全には「クリーン」になっておらず、間違いが多かったため、短期の取引のための確実なモデルを作ることはできなかった。

アックスは、バーレカンプがいくつかの研究課題に取り組むことにしぶしぶ同意した。しかしバーレカンプはアックスのオフィスを訪れるたびに、彼が自分の提案を単なる「付け焼き刃」呼ばわりして無視するか、さもなければまともに実現させようとしないことに気づかされた。一方のアックスも、バーレカンプがひょっこり現れて意見してくるなどとは思ってもいなかったし、トレーディングのゲームを理解しはじめたばかりの一教授の意見や提案に煩わされるつもりもなかった。

アックスにはさほど手助けは必要なかったようだ。前年の一九八七年にアックスコムは二桁の収益を上げ、ダウ・ジョーンズ工業株価平均が一日で二二・六パーセント下落した一〇月の暴落も乗り切っていた。トレーディングモデルを無視するアックスが、先を見越してユーロドルの先物を買っていて、株価の急落とともにその先物が急騰したおかげで、アックスコムのそれ以外の損失を埋め合わせることができたのだ。

シモンズが数学の天才を雇って新たな戦略を企てているという噂が広がりはじめたことで、定量的トレーダーの先駆けであるエドワード・ソープを含め何人かが、アックスコムへの投資に関心を示してきた。ソープはニューヨークでシモンズと会う約束を取り付けたが、少々調べた末にキャンセルした。もっとも気がかりだったのは、シモンズの戦略ではなかった。

「シモンズはチェーンスモーカーで、彼らのオフィスに行くのは巨大な灰皿の中に足を踏み入れるようなもんだって聞かされたんだ」と、カリフォルニア州ニューポートビーチへ移り住んでいたソープはこぼした。

顧客らがアックスコムに対して抱いている懸念はほかにもあった。ベンチャーキャピタルに山を賭けているシモンズのことが信用できず、その手の投資をおこなうファンドを避けたがる者もいた。そこでシモンズは、そうした投資者をつなぎ止めておくために、一九八八年三月にリムロイを清算してそのベンチャー投資債券を売却し、アックスとともに、トレーディングに専念するオフショアヘッジファンドを立ち上げた。そのヘッジファンドには、二人がかつて栄誉ある数学賞を受賞したことを讃《たた》えて、メダリオンという名前が付けられた。

だが六カ月もせずに、メダリオンは苦境に陥りはじめた。その損失の一部は、アックスの視線の先が移ったことにさかのぼれるだろう。

行き詰まるアックスの投資法

アックスはカリフォルニアに引っ越してきたのち、オフィスからパシフィック・コースト・ハイウェイを八キロほど走ったところにある近郊のハンティントンハーバーに、船着き場が付いた閑静な家を借りていた。しかししばらくすると、もっと人里離れた場所を探しはじめ、結局、マリブに立つ海辺の邸宅を借りた。

アックスは、仕事仲間との付き合いがけっして好きではなかった。この頃には周囲の人からますます距離を取り、ハンティントンのオフィスにいる一〇人近い従業員をリモートで管理するようになった。オフィスに行くのは週に一度だけだった。バーレカンプが会合のためにわざわざ飛行機でやって来ても、アックスはマリブの家に閉じこもっていることがあった。フランセスという名前の会計士と結婚すると、出勤してチームに会わなければという気持ちはますますしぼんだ。ときには、アルゴリズムや予測モデルとまったく関係のない指示を電話で伝えることもあった。

ある日、一人の社員が電話でアックスに「分かった、それでどんな種類のシリアルを持っていけばいいいんだい?」と話していたという。

アックスがますます遠ざかるにつれて、アックスコムの業績は悪化していった。

「研究は前ほど積極的じゃなくなった」とカルモナは言う。「ボスがいないと、前と同じ活力ってわけにはいかないもんだ」

バーレカンプは次のように言う。「アックスは数学者としては有能だったけど、研究管理者としては無能だった」

さらに世間から距離を取りたいと思ったアックスは、パシフィック・パリセーズにある、サンタモニカ山脈を望む丘の崖の上に立つ豪華な家を購入した。そして週に一度、食料や本など必要なものをカルモナに車で運ばせた。二人でへとへとになるまでパドルテニスに没頭するあいだ、カルモナはアックスの最新の陰謀論に我慢して耳を傾けた。同僚たちはアックスのことを世捨て人と見るようになり、海岸沿いの家を選んだのは、家の少なくとも一方の側では誰の相手もせずに済むからだろうと勘ぐった。ある社員が、シカなどの動物が集まってくるようにと、庭に岩塩を置くと、アックスは窓越しにその光景を長いあいだ見つめていた。

アックスはポートフォリオの一部を直観に頼って決め、かつてストラウスと編み出した高度なモデルに基づくトレーディングからは次第に遠ざかっていった。ちょうど、何年か前にバウムが昔ながらのやり方のトレーディングに流されたり、シモンズが最初はカルモナの「カーネル法」に不満だったりしたのに似ている。さすがの数学教授たちにとっても、定量的投資はたやすいものではなかったようだ。アックスは、『ニューヨーク・タイムズ』の西海岸版が六〇キロあまり離れたトーランスという町で印刷されていることを知り、翌朝の新聞を午前〇時過ぎに自宅に配達してもらえるよう手配した。そして競争相手を出し抜くために、その新聞で読んだ政府高官などの発言に基づいて、夜を徹して国際市場で取引をするようになった。また、家中に巨大なテレビスクリーンを設置して、ニュースをチェックしたり、以前に設置したビデオ回線で同僚たちと話したりした。

「あいつはテクノロジーにのぼせ上がった」とバーレカンプは言う。

シモンズとアックスの対立

アックスは白いジャガーを乗り回し、頻繁にラケットボールをやり、近所の丘でマウンテンバイクに乗って時を過ごした。あるとき頭から転倒して、脳の緊急手術を受けた。会社の業績は一九八八年前半のうちは好調だったが、その後、度重なる損失に見舞われた。アックスはすぐに立ち直れると自信を持っていたが、シモンズは心配を募らせていった。そしてまもなく、二人は再び口論を始める。アックスは、トレーディングシステムをもっと速く走らせるために会社のコンピュータをアップグレードしたかったが、それに回せるお金などどこにもなかった。シモンズもけっして小切手を切ろうとはしなかった。緊張が高まるにつれてアックスは、シモンズは自分の責任を果たしていないと愚痴を垂れるようになった。

ある請求書が届いたとき、アックスは同僚に、「シモンズに全部払わせろ」と吐き捨てた。

一九八九年春までにはアックスも、自分と同じく競争心を抱く世界クラスの数学者であるバーレカンプをしかるべく尊重するようになっていた。いまだバーレカンプのトレーディングの提案を実行しようとはしなかったものの、自分が苦境に陥っていて、シモンズへの不満を聞いてくれる人が周りにほとんどいないことには気づいていた。

「トレーディングを全部やってるのは俺だ。あいつは投資者の相手をしてるだけだ」とアックスに愚痴をこぼされると、バーレカンプも同情しようとした。

ある日、バーレカンプが家を訪ねると、アックスが落ち込んでいるように見えた。メダリオンが何カ月ものあいだ損失を出しつづけて、前年半ばから運用資産を三〇パーセント近く減らしたことで、打ちひしがれていたのだ。イタリアのある複合企業体が大豆市場を独占しようとして不首尾に終わり、大豆の価格が急落したことで、アックスコムの持っていた大豆先物が価格を大きく下げていた。ほかのトレンドフォロワーとの競争激化による影響もあった。

アックスはバーレカンプに、シモンズの会計士マーク・シルバーから届いた一通の手紙を見せた。その内容は、アックスと彼のチームがトレーディング事業の改善計画を立てるまで、苦戦している長期の予測シグナルに基づくトレーディングをすべて停止するよう、アックスコムに命じるというものだった。シモンズは、取引活動の一〇パーセントを占めるにすぎない短期トレーディングしか認めないつもりだったのだ。

アックスは怒り狂っていた。〃トレーディングに携わっているのは自分だ。シモンズの仕事は投資者の相手をすることだ〃

「やつに俺のトレーディングをやめさせられると思うか？」とアックスは語気を強めた。「俺を止めるなんてできるはずがない！」

アックスはいまだ、ファンドの運用成績が回復すると確信していた。トレンド戦略を取る投資家は、下り坂のトレンドのときやトレンドを見極められないときには、苦しい時期を乗り切らなければならない。新たなトレンドがすぐ先に待っていることが多いからだ。シモンズのトレーディング停止命令は、パートナーシップ契約に違反していた。アックスはシモンズを訴えるつもりだった。

「やつはずっと俺を顎《あご》で使ってきたんだ！」とアックスは吠《ほ》えた。

バーレカンプはアックスを落ち着かせようとした。そして、訴えるのは一番賢いやり方ではないと諭した。費用もかさむし、延々と時間もかかるし、最終的には勝てないかもしれない。しかもシモンズにはちゃんとした論拠があった。法的にはアックスコムはシモンズが統轄するゼネラルパートナーシップのもとでトレーディングをおこなっていたため、シモンズには会社の将来を決定する法的権利があったのだ。

アックスは気づいていなかったが、シモンズもまた自分なりのプレッシャーに襲われていた。旧友や投資者からは、大幅な損失を心配する電話がひっきりなしにかかってきた。中には我慢できずに資金を引き揚げる者もいた。オフィスでストラウスらとやり取りを交わすときも、シモンズはぶっきらぼうだった。損失が積み上がっているのは誰の目にも明らかで、社内はピリピリした雰囲気になっていた。

シモンズは、アックスの戦略はあまりに単純すぎると判断した。そしてアックスに、顧客の流出を食い止めて会社を存続させる唯一の道は、すべての損失の原因である長期の取引を減らしながら、もっと優れた新たな戦術を編み出したと伝えて投資者を安心させることだと伝えた。

アックスは聞く耳を持とうとせず、ハンティントンビーチに顔を出して同僚たちの支持を取り付けようとしたが、うまくいかなかった。ストラウスからは、会社を二つの派閥に分断させたくはないし、会社と自分の経歴を危険にさらすような争いに巻き込まれるのも嫌だときっぱり言われた。

するとアックスは怒り出し、ストラウスに向かって、「そんなに恩知らずでいいとでも思ってるのか！」と怒鳴った。

ストラウスは返す言葉が思い浮かばなかった。

「むっとしてじっと座っていたよ」とストラウスは言う。

シモンズは一〇年以上前から、さまざまなトレーダーの背中を押したり、新たな投資法を試したりしてきた。しかしあまり前進していなかった。バウムが挫折し、ヘンリー・ラウファーが活躍できず、今度はアックスやストラウスと運営するファンドが損失を重ねて、運用資産が二〇〇〇万ドルまで落ち込んだ。シモンズは、トレーディングよりもさまざまなサイドビジネスのほうに時間を割きはじめていた。投資ビジネスからは心が離れてしまったようだった。ストラウスと同僚たちは、シモンズが会社を畳むかもしれないと考えるようになっていった。

「ジムに何か信念があるかどうか、はっきりしなかった。会社が生き延びるか潰れるかも定かじゃなかった」とストラウスは言う。

夜中に帰宅したストラウスは、二人の幼い子供を小屋の中で遊ばせながら、妻と何時間もかけて家計支出を計算したり貯蓄額を集計したりして、最悪の事態に備えた。また、もしシモンズがアックスコムを廃業してトレーディングから手を引いたら、どこに引っ越そうか話し合った。

オフィスでは、シモンズとアックスの口論が続いていた。アックスが電話越しにシモンズとシルバーに怒鳴っているのが、ストラウスの耳にも入ってきた。もう懲り懲りだった。
そしてついにアックスに「休暇に行くよ」と告げた。「あんたたちで何とかしてくれ」

新たな展開

一九八九年夏、アックスは追い詰められたと感じていた。アックスは二流の弁護士を成功報酬制で使っていたが、シモンズはニューヨークのトップクラスの弁護士を雇っていた。法廷闘争になったらシモンズに負けることが、徐々にはっきりしてきたのだ。

するとある日、バーレカンプがアックスにある提案をしてきた。

「俺が会社の君の持ち株を買ったらどうだろう？」

バーレカンプは心の中で、自分ならアックスコムの業績を回復させられるかもしれないと考えるようになっていた。その頃、会社には月に一日か二日しかいなかったが、もしトレーディングシステムの改良に専念したらうまくいくのではないかと思ったのだ。それまで誰一人、莫大な収益を上げるコンピュータシステムの組み立て方など考えついていなかった。もしかしたら自分がその力になれるかもしれない。

「その知的課題に夢中になったんだ」とバーレカンプは言う。

それよりもましな選択肢はないと判断したアックスは、自分が持っているアックスコム株の大部分をバーレカンプに売却することに同意した。売買が成立した結果、バーレカンプが会社の経営権の四〇パーセントを、ストラウスとシモンズがそれぞれ二五パーセントを、アックスが一〇パーセントを所有することになった。

アックスは何カ月も自宅に閉じこもり、妻以外にはほとんど誰とも口をきかなかった。しかしやがて、徐々にだが目を見張る形で変わりはじめた。夫婦でサンディエゴに引っ越して、ようやく少しだけ気が楽になり、詩を詠んだり映画脚本の教室に入ったりした。『ボッツ』というタイトルのSFスリラー小説まで書き上げた。

量子力学に関するサイモン・コッヘンの学術論文をオンラインで読んだアックスは、いまだプリンストンで教えていたこの元同僚と再び連絡を取ることにした。そしてまもなくして、量子力学の数学的側面に関する学術論文を二人で共同執筆した。[2]

アックスの生活にはまだむなしさが残っていた。そんなアックスが、次男ブライアンの行方を突き止めた。そしてある日、受話器を手に取って、ロードアイランド州プロビデンスにあるブラウン大学の寄宿舎にいるブライアンに電話をかけた。話をするのは一五年以上ぶりだった。

「やあ、ジェームズ・アックスだ」とためらいがちな第一声だった。

その晩、二人は何時間も語り合った。それを皮切りに、アックスと二人の息子とのあいだで長くて中身の濃い会話が何度か交わされた。アックスは、息子たちを手放したことを後悔していると打ち明け、自分の怒りが原因だったと認めた。息子たちはアックスを許し、自分たちの人生に父親が戻ってきてほしいと願った。月日とともに、アックスと息子たちのあいだには深い関係が築かれていった。そして二〇〇三年、祖父となったアックスと元妻のバーバラが再会し、二人なりの変わった友情を築いた。

三年後、アックスは六九歳で世を去った。大腸癌《がん》だった。息子たちはアックスの墓石に、アックス－コッヘンの定理を表す数式を彫り込んだ。

第６章

市場の癖を見抜け

科学者も人間だ。あまりにも人間臭いことも多い。
望んでいた結果とデータが食い違うと、
ときに証拠が感情に敗れることもある。
ブライアン・キーティング（宇宙論学者）

投資家の中でも異彩を放つ

投資ビジネスが過熱しつつあるさなかの一九八九年夏、メダリオンの手綱を握っていたのはエルウィン・バーレカンプだった。一〇年前、アメリカの総利益のうち、金融会社の占める割合は約一〇パーセントだった。それがこのときには二倍以上に増えつつあり、小説『ブライト・ライツ、ビッグ・シティ』やマドンナの歌『マテリアルガール』に描かれたように、貪欲と放埓《ほうらつ》の時代と呼ばれるようになる。

一般大衆には入手できないが市場を動かすような金融ニュース――情報優位性と呼ばれる――を、トレーダーや銀行家や投資家が必死で欲しがったことで、ウォール街の利益はますます増えた。レーガン政権末期、企業買収の提案や収益や新製品に関する秘密情報は、まるで法定通貨のような価値を持っていた。ジャンク債の帝王マイケル・ミルケンは、一九八三年から八七年までのあいだに一〇億ドルを超える報酬を手にしたが、その後、インサイダー取引に関する証券取引法違反の罪で逮捕された。投資銀行家のマーティン・シーゲルも同じく逮捕された。トレーダーのアイバン・ボウスキーは、会社買収の情報を提供する見返りに、一〇〇ドル札の札束が数十万ドル分きれいに詰められたブリーフケースを受け取った。[1]一九八九年には、映画『ウォール街』の主人公ゴードン・ゲッコーが、金融業界でつねに不正ぎりぎりを攻める、攻撃的でうぬぼれの強いプロの象徴となった。

まるで男性ホルモンにまみれたかのようなこの時代にあって、学者であるバーレカンプは、興味をそそる噂や信頼できる秘密情報をほとんど活用しないという点で変わり者だった。各企業の収益もほとんど知らなかったし、知りたいという気持ちもゼロだった。

四九歳の誕生日が近づいたバーレカンプは、その風采までも、ウォール街の戦利品を奪い取る帝王たちとは似ても似つかなかった。健康を重んじるあまり、極端で危険なダイエットにいそしみ、へとへとになるまで自転車を漕いでいた。あまりにも体重を減らしてやつれているように見え、同僚たちを心配させることもあった。髪が薄くてめがねを掛け、ごま塩のあごひげをきれいに整えていたバーレカンプは、ネクタイはめったに締めず、胸ポケットにＢＩＣの多色ボールペンを五本も挿していた。

実業界の片隅で頭角を現したコンピュータオタクたちの中でも、バーレカンプは目立つ存在だった。一九八九年、さらに優れた予測モデルを機械に構築させる術を学ぶために、カリフォルニア州カーメルで開かれた学会に出席したときには、会場にいる教授たちの中でももっとも世間ずれしているように見えた。

この学会でバーレカンプと出会ってのちに友人になったラングドン・ウィーラーは、次のように言う。

「エルウィンは身なりが少しだらしなくて、シャツの裾がはみ出していてしわくちゃで、必死に考えているときには視線が宙をさまよった。でもすごく賢かった。その風変わりな外見の奥を覗き込んで、こいつから学びたいと思った」

アックスコムのオフィスでは、バーレカンプは話を長々と脱線させるのが好きで、社員たちを何度もいらいらさせた。あるとき、会話をする際は自分が八〇パーセント話したいんだと言ったが、知人たちはその値は少々控えめだと思った。しかし数学者としての名声ゆえにバーレカンプは尊敬され、メダリオンの運用成績を上げられると彼が自信満々だったおかげで、社内には楽観的な雰囲気が育まれた。

バーレカンプは手始めに、会社をバークレーの自宅にもっと近い場所に移すという計画を立て、ストラウス夫妻もその決定を支持してくれた。そこで一九八九年九月にストラウスは、カリフォルニア大学バークレー校のキャンパスから歩いてすぐのところにそびえる、この町で最初の高層建築物である一二階建ての歴史あるウェルズ・ファーゴビルの九階にオフィスを借りた。もとから設置されていた通信線では正確な価格を十分なスピードで受信できなかったため、一人の社員が、近郊のオークランドに立つトリビューン・タワーのてっぺんにある衛星アンテナを使えるよう手配し、先物の最新の価格を受信できるようにした。その一カ月後、サンフランシスコ一帯をロマプリータ地震が襲い、六三人が命を落とした。アックスコムの新オフィスには深刻な被害はなかったが、棚や机が倒れて本や機器が傷つき、衛星アンテナが倒れた。是が非でも復活を目指すトレーディング事業にとっては、縁起の悪いスタートとなった。

カジノのようなモデルにする

チームが力強く歩を進める中、バーレカンプは、アックスが無視していた成功必至の提案のいくつかを実現させることに集中した。アックスと何カ月も口論を続けて疲労困憊《こんぱい》していたシモンズも、バーレカンプの考えを支持した。

「確実なことから固めていこうじゃないか」とバーレカンプはシモンズに言った。

短期のトレーディングをもっと頻繁におこなうという戦略にアックスが抵抗していた理由の一つが、テンポの速い高頻度の取引に伴う売買委託手数料などのコストによって、収益が相殺されてしまう恐れがあることだった。アックスはまた、頻繁に取引をすることで価格が変動して収益が損なわれる「スリッページ」と呼ばれるコストが生じ、メダリオンはそのコストを精確に見積もれないことも懸念していた。

これらの懸念は至極真っ当なもので、ウォール街では「取引しすぎるな」という暗黙のルールができていた。コストの問題だけでなく、短期の取引ではふつうごくわずかな収益しか得られず、それに喜ぶ投資家などほとんどいない。これほど長所が少ないとしたら、そんなに必死になってそんなに頻繁にトレーディングをする意味がどこにあるのだろうか?

「野球とか母性とかアップルパイとかと同じように、ただ単にその考え方に疑問を抱かなかっただけだ」とバーレカンプは言う。

ウォール街で働いた経験のなかったバーレカンプは、とくに高度な分析などしていないような連中が編み出した昔からの定説に、本能的に疑念を抱いていた。そしてもっと短期の取引を主張した。長期の取引があまりにも失敗続きだった一方で、メダリオンの短期の取引は、アックスやカルモナなどの働きのおかげで最高の収益を上げていた。その成功を足がかりにしようという考えは理にかなっていた。また、バーレカンプは良いタイミングにも恵まれていた。ストラウスの収集した日中のデータをクリーニングする作業がほぼ終わり、短期の取引のための斬新なアイデアをもっと容易に編み出せるようになっていたのだ。

彼らの目標が変わることはなかった。投資家は将来も同じような行動を取るという前提のもとで、過去の価格の情報を子細に調べ、今後も繰り返されそうな値動きのパターンを発見するのだ。シモンズのチームは、この方法論は「テクニカルトレーディング」とどこか似ているととらえていた。ウォール街の主流派の多くはこの手のトレーディングを黒魔術のようなものと見ていたが、バーレカンプと同僚たちは、高度で科学的な方法を使えばうまくいくと確信していた。ただしそのためには、長期のトレンドでなく短期の変動に狙いを定めたトレーディングをしなければならない。

バーレカンプはまた、売買の頻度を下げると一回ごとの取引の影響が大きくなるとも主張した。二、三回失敗しただけで、ポートフォリオが破産しかねない。しかし取引を数多くおこなって、一回ごとの取引の重要性を下げれば、ポートフォリオ全体のリスクは減る。

バーレカンプと同僚たちは、メダリオンをカジノに似たようなものにしたいと思っていた。カジノは毎日膨大な回数賭けをして、そのうち半数よりわずかに多い分で利益を上げれば済む。それと同じようにアックスコムのチームも、頻繁にトレーディングをして、それらの取引のうち半数よりわずかに多い分で儲けることで、大きな収益を上げられるようにしたかった。カジノと同じように、統計的にわずかに優位に立つだけで、大数の法則が味方をしてくれるだろう。

バーレカンプはある同僚に、「たくさん取引すれば、そのうちの五一パーセントだけ当てればいい。一回ごとの取引の優位性はもっと小さくできる」と説いた。

さまざまなアノマリーを発見

データを綿密に調べて、メダリオンのトレーディングモデルに追加すべき短期的戦略を探し出すにつれて、市場にはいくつかの興味深い変わった傾向があることが分かってきた。いくつかの投資商品の価格は、重要な経済報告の直前に下がって直後に上がることが多かったが、報告が出る前に必ず下がって、後に必ず上がるというわけではなかった。理由は分からないが、アメリカ労働省の雇用統計などいくつかの統計発表には、そのパターンが当てはまらなかったのだ。しかしデータが十分にあって、どのようなときにこの現象が起こりそうかが定かになったため、メダリオンのモデルは、「これこれの経済報告では直前に買って直後に売れ」と勧めることができた。

バーレカンプはさらに多くのパターンを探そうと、ヘンリー・ラウファーに電話をかけた。アックスの辞職後にラウファーは、シモンズがメダリオンを立て直すための手助けにもっと多くの時間を割こうと約束してくれていた。そして、ストーニーブルック地区で見つけた二人の研究助手とともに、ロングアイランドにあるシモンズのオフィスの地下室に陣取り、バーレカンプとストラウスがバークレーでやっていたのと同じように、メダリオンのトレーディングモデルの改良に取り組んでいた。

ストラウスの収集したデータを精査したラウファーは、曜日に対応した何通りかのパターンが繰り返されていることを発見した。たとえば、金曜日と同じ値動きが翌週月曜日も続き、火曜日になると以前のトレンドに「回帰」することが多かった。

ラウファーはまた、前日の取引からその翌日の値動きを予測できる場合が多いことを明らかにし、それを「二四時間効果」と名付けた。さらにメダリオンのモデルは、たとえばはっきりとした上昇トレンドがあれば、金曜日の遅い時刻に買って月曜日の早い時刻に売るというように、「週末効果」も活用しはじめた。

シモンズと研究者たちは、自分が直観で思いついた取引のアイデアを提案して検証することに多くの時間を割こうとはしなかった。データをありのままにとらえて、シグナルとなりうるアノマリー（変則的な特徴）を探したのだ。また、それらの現象が起こる理由についてあれこれ思いめぐらせるのも意味がないと考えた。重要なのは、それらの現象が頻繁に起こっていて、改良版のトレーディングシステムに組み込めるかどうかと、それが統計的偶然でないことを検証できるかどうかだけだった。

それでもいくつか仮説は立てた。バーレカンプらは、コモディティや債券を売買して市場を機能させているフロアトレーダー、いわゆる「ローカル」は、週末のあいだに悪いニュースが起こって損失を負うことがないよう、各週の大引けのときには先物契約をほとんど、あるいはまったく持たない状態で家に帰りたがるという仮説に至った。商品取引所の立会場に立つブローカーも、予想外のニュースで持ち株が紙くずになるのを避けるために、経済報告の前には先物のポジションを減らしているようだった。

そのようなトレーダーは、週末明けや報告発表ののちにポジションを戻して、価格の反発を促していた。そこでメダリオンのシステムは、そのようなブローカーが売ったときに買い、ブローカーが感じるリスクが下がったらその投資商品を売るようになった。

「俺たちは保険業をやっているんだ」とバーレカンプはストラウスに言った。

誰もが見逃すわずかな法則性に価値がある

通貨市場の異常な動きは、さらなる魅力的な取引につながった。とくにチャンスが多そうだったのが、ドイツマルクだった。ある日にマルクが上がると、翌日にも上がりつづける確率が驚くほど高かった。下がると翌日も下がることが多かった。一カ月ごと、一週ごと、一日ごと、さらには一時間ごとの相関性を見ても、それと同じ傾向が見られた。ドイツマルクは、各期間をまたいでトレンドが続く傾向が異常に強く、同じトレンドが予想以上に長く続いていたのだ。

コインを投げて表が二回連続で出る確率は二五パーセントだが、一回目に出る面と二回目に出る面とのあいだに相関性はない。しかしドイツマルクはそれとは対照的に、ある期間の値動きとそれに続く期間の値動きとの相関性が二〇パーセントもあって、同じ値動きが二回に一回以上繰り返されていることを、ストラウスとラウファーとバーレカンプは発見した。一方、それ以外の通貨では、連続した二つの期間どうしの相関性は一〇パーセント程度、金では七パーセント、豚肉などのコモディティでは四パーセント、株式ではわずか一パーセントだった。

ある日、バーレカンプは驚いた様子で一人の同僚に、「どんなタイムスケールでも関係ないみたいだ。全部同じアノマリーが出ている」と言った。

「効率的市場仮説」を信じていた当時のほとんどの経済学者は、ある期間と次の期間とのあいだに頻繁に相関性が成り立つはずはないと考えていた。その仮説に基づけば、価格の異常を利用して市場を打ち負かすのは不可能である。価格の異常など存在しないのだから。もし価格の異常が見つかったら、投資家が手を出してその異常を解消してしまうはずだと、学者たちは論じていた。

ドイツマルクに見られた連続的傾向、そして円に見られたさらに強い相関性は、あまりに思いがけないものだったため、チームはそのようなことが起こる理由を明らかにする必要があると感じた。するとストラウスが、次のような主張がなされている学術論文を見つけてきた。世界中の中央銀行は、経済を混乱させかねない急激な為替変動を嫌って、激しい値動きを緩やかにするために介入をおこなう。そのため、長期間にわたって同じトレンドが続くというのだ。しかしバーレカンプは、イーストマン・コダックのような大企業が経営上の決定を下すペースが遅いせいで、為替変動を引き起こす経済的圧力が何カ月にもわたって作用しつづけるのだろうと考えた。

「人は必要以上に長く同じ習慣にこだわる」とバーレカンプは言う。

メダリオンに組み込まれていった、彼らが言うところの「トレーダブル効果」は、通貨の値動きだけではなかった。バーレカンプとラウファーとストラウスは、何カ月もかけてデータを精査し、何時間もコンピュータに張り付いて、市場で起こる数万件の出来事に価格がどのように反応したかを調べた。シモンズも直接または電話で毎日話をして、トレーディングシステムの改良に関する自分のアイデアを伝えたり、ほかの人が見逃してきた「微《かす》かなアノマリー」を見つけることに集中するようチームを励ましたりした。

バーレカンプとストラウスとラウファーが開発したシステムは、理由がありそうな反復的な値動きだけでなく、かろうじてとらえることができて理由がいっさいないように思われるパターンも、さまざまな市場で発見した。そのようなトレンドや異常の中には、つかの間起こるだけで、ほとんどの投資家が気づかないようなものもあった。チームが「ゴースト」と呼ぶようになったそのような現象は、きわめて微かではあるが十分な頻度で現れつづけ、彼らの取引のアイデアに追加する価値があるように思われた。シモンズも見方をひるがえして、理由はどうでもよく、取引がうまくいきさえすればいいのだと考えるようになっていた。

彼ら研究者は、ライバルよりも精確な価格情報を持っているという大きな強みを活かして、過去の市場動向を特定する取り組みを進めた。ストラウスが何年もかけて収集した「ティックデータ」には、ほとんどの投資家があまりにも細かすぎるとして無視してきた、さまざまな先物の日中の取引高と価格の情報が含まれていた。アックスコムも一九八九年まで、ほとんどの投資家と同じく始値と終値だけに頼っていて、ストラウスが集めたデータの大部分はほぼ持て余していた。しかし、もっと強力な最新式のMIPSコンピュータ（一秒間に一〇〇〇万回の命令を実行できる）を新たなオフィスに導入したことで、ストラウスが集めたすべての価格データを素早く解析して、取引データの中から統計的に有意な現象を何千も見つけ、それまで見つかっていなかった価格のパターンを明らかにできるようになった。

「日中のデータを保存していたのを思い出した。すごくクリーンじゃなかったし、ティックデータばかりでもなかった」とストラウスは言う。しかし、ほかの投資家が使っていたデータよりは信頼できたし、量も多かった。

危機一髪の事態を免れる

一九八九年後半、バーレカンプと同僚たちは六カ月かけて作業を進めた末に、コモディティと通貨と債券の市場に対象を絞った新たなトレーディングシステムが成果を上げそうだとほぼ確信した。市場のアノマリーやトレンドの中には、何日か続くものもあれば数時間や数分しか続かないものもあったが、バーレカンプとラウファーは、改良したシステムならそれらを活用できると自信を持っていた。株式に関しては確かなトレンドを特定するのは難しかったが、それ以外の市場で数多くの異常を発見していたため、気にはしなかった。

彼らが特定したトレーディングシグナルの中には、とくに目新しくはなく高度でないものもあったが、多くのトレーダーはそのようなシグナルを無視してきた。二回に一回以上起こる現象でなければ、取引コストを相殺できるほどの収益は上げられないと思われていたからだ。そこで投資家たちは、大物狙いの漁師が網にかかったグッピーを無視するように、もっと儲かりそうなチャンスを探していた。しかしメダリオンのチームは、頻繁に取引をすれば捕れたグッピーをかき集める価値があることに気づいたのだ。

一九八九年後半にアックスコムは、いまだにシモンズが運用していた二七〇〇万ドルの資産を使ってこの新たな方法論を実行に移した。すると、すぐに望ましい結果が出て、オフィスのほぼ誰もが仰天した。そしてますます頻繁にトレーディングをおこなったことで、メダリオンで証券を保有する平均時間は一・五週間からわずか一・五日にまで短くなり、収益がほぼ毎日出るようになった。

だが同じように突然、いくつかの問題が起こった。カナダドルを取引するたびに、メダリオンは損をするようだったのだ。取引はほぼ毎回失敗した。筋の通らない話だった。モデルによれば収益を上げられるはずだったのに、毎日、何度も繰り返し損失が出つづけたのだ。

ある日の午後、バーレカンプから愚痴を聞かされたシモンズは、シカゴ商品取引所の立会場にいる一人のトレーダーに電話をして、この問題についてどう思うか聞いてみた。するとそのトレーダーは、含み笑いをしながらこう言った。「知らないのか？　ジム。やつらはいかさま師だぞ」

この取引所でカナダドルの先物を扱っているトレーダーは三人しかおらず、彼らは共謀して、自分たちと取引をするお人好しの顧客を食い物にしていたのだ。シモンズのチームが買い注文を出すと、ブローカーたちはその情報を共有し、自分たちでカナダドルの先物を買ってわずかに値を上げさせておいてからシモンズに売ることで、差益を手にしていた。メダリオンが売ろうとしたら逆のことをやっていた。値がわずかに変わるだけで、カナダドルの取引は損を出す。ウォール街でずっと昔からおこなわれていた計略の一つだったが、バーレカンプのような学者たちは気づかなかったのだ。シモンズはただちに、メダリオンのトレーディングシステムからカナダドルの先物を外した。

それから数カ月後の一九九〇年前半、シモンズは不安げな声で、バーレカンプにますます厄介な知らせを伝えた。

「ストットラーの経営が行き詰まってるっていう噂があるぞ」

バーレカンプは言葉を失った。シカゴ商品取引所の役職に最多得票で選ばれたカーステン・マールマンが経営するコモディティトレーディング会社、ストットラー・グループの口座に、メダリオンのポジションはすべて預けられていたのだ。バーレカンプらは、ストットラーがシカゴで一番安全で信頼できる証券会社だと思っていた。もしストットラーが破綻したら、メダリオンの口座は凍結されてしまう。そして数週間で口座が整理されて、数千万ドル相当の先物契約が失われ、致命的な損失につながりかねない。ストラウスも取引所のある人物から、ストットラーが多額の負債を抱えているとこっそり聞かされて、不安はますます募った。

だが、あくまでも噂にすぎなかった。すべての取引や口座を別のブローカーに移すのは面倒で時間もかかるし、せっかく好転しはじめたメダリオンがコストを負ってしまう。ストットラーは長いあいだ、この業界でもっとも強力で有名な会社だったのだから、どんなつまずきもしのげるはずだ。バーレカンプはシモンズに、どうすればいいか迷っていると言った。

シモンズには、バーレカンプがなぜためらうのか理解できなかった。

「エルウィン、煙のにおいがしたら、とにかく逃げるもんだ！」

ストラウスはストットラーに設けていた口座を解約して、取引を別のところに移した。すると数カ月後、マールマンがストットラーとシカゴ商品取引所の職を辞した。その二日後、ストットラーが破産を申し立てた。そしてのちに規制当局から詐欺罪で告発された。シモンズと彼の会社は、致命的な一撃をぎりぎりでかわしたのだった。

トレーディングシステムが市場を打ち負かす

一九九〇年の大半を通じて、シモンズのチームがつまずくことはほとんどなかった。まるで、研究室で一〇年間手探りをした末に魔法の公式を発見したかのようだった。バーレカンプとラウファーとストラウスは、毎日、市場が開くときと閉じるときだけでなく、正午にも取引をした。メダリオンのシステムはもっぱら短期の取引に移行し、長期の取引が占める割合は約一〇パーセントに低下した。

ある日、アックスコムの収益が創業以来初めて一〇〇万ドルを超えた。そこでシモンズは、かつてIDAのスタッフが厄介な問題の答えを発見してシャンパングラスを手に手に取ったのと同じように、チームをシャンパンでねぎらった。その後、一日の収益がたびたび一〇〇万ドルを超えるようになって、乾杯が追いつかなくなってきた。そこでシモンズは、一日で収益が三パーセント増えたときにだけシャンパンを開けると通達したが、それでもチームが陽気に騒ぐ回数はほとんど減らなかった。

これほどの収益を上げながらも、会社の外でこのグループの方法論に関心を寄せる人はほとんどいなかった。バーレカンプがバークレーのキャンパスでビジネス専攻の学生に会社の手法を説明していると、誰かが茶化してきた。

「バカなことを考えている変人だと見られてたんだ」とバーレカンプは言う。

同業の教授たちは礼儀をわきまえて、少なくとも直接聞こえる場所ではそのような批判や疑念は口に出さなかった。それでも彼らが思っていることは、バーレカンプにはお見通しだった。

「教授連中は口をつぐんだりはぐらかしたりしてたよ」とバーレカンプは言う。

しかしシモンズは、そんな疑う人たちなど意に介さなかった。収益を上げたことで、自動化されたトレーディングシステムが市場を打ち負かせるという確信を深めたのだ。

「本当のチャンスがここにある」と、シモンズはバーレカンプに熱く語った。

メダリオンは一九九〇年に五五・九パーセントの収益を上げ、前年の四パーセントの損失から劇的に改善した。とくに注目に値するのは、ファンドが徴収する手数料（運用資産総額の五パーセント※および収益総額の二〇パーセント）を収益率が大幅に上回ったことだった。

シモンズはわずか一年ほど前には、ヘッジファンドと同じくらいサイドビジネスに携わっていた。しかしここにきて、チームがついに特別なことを成し遂げたと確信し、それにもっと深く関わりたいと思いはじめた。そして毎日のように何度もバーレカンプに電話をかけた。

※五パーセントという運用手数料が設定されたのは、一九八八年、ストラウスがシモンズに、コンピュータシステムの運用などの業務コストに約八〇万ドル必要だと伝えたときだった。この額が、当時の運用資産一六〇〇万ドルの五パーセントだったのだ。シモンズはこの手数料率を妥当と考えていたようで、会社が成長しても変えることはなかった。

シモンズの介入

その年の八月上旬、イラクがクウェートに侵攻して金と原油の価格が急騰すると、シモンズはバーレカンプに電話で、システムの取引に金と原油の先物を追加するようけしかけた。

「エルウィン、金に注目してるか?」

実はシモンズ自身もまだ多少トレーディングをしていて、さまざまなコモディティのテクニカルパターンを記録していた。そこで、さまざまな金投資商品に対して抱いた強気の考えをバーレカンプに伝えようとしたのだ。

バーレカンプはいつものようにそのアドバイスに丁寧に耳を傾けた上で、このままモデルに任せて、自分たちがあれほど苦心して完成させたアルゴリズムに手を加えるのは避けるのが一番だと意見を言った。

するとシモンズは、「分かった、いままでどおり続けろ」と答えた。

しばらくして金がさらに急騰すると、シモンズは再び電話をかけた。「もっと上がったぞ!エルウィン」

バーレカンプは戸惑った。人間がいっさい関与しないコンピュータトレーディングシステムを開発しろと迫ってきたのは、ほかならぬシモンズだった。おおざっぱなチャートや直観でなく科学的方法に頼って、見過ごされているアノマリーを検証したがったのも、シモンズだった。バーレカンプとラウファー、そしてチームの全員は、トレーディングの輪の中からできる限り人間を排除しようと精を出してきた。ところがここにきて、当のシモンズが、金の価格が上がりそうだからシステムに手を加えたいと言い出してきたのだ。

「ジムはファンドをシステム的に運用すべきだって考えていたのに、いざ時間ができると、週に五時間から一〇時間はブツブツ言いながら金や銅のトレーディングをして、何かしら学んでいるつもりになっていた」とバーレカンプは言う。

シモンズも以前のバウムやアックスと同じく、ニュースに反応せずにはいられなかったのだ。

しかしバーレカンプは譲らなかった。

そしてある日、不機嫌そうな口調でシモンズに、「ジム、前も言ったけどポジションを調整するつもりはない」と吐き捨てた。

電話を切ったバーレカンプはある同僚のほうを向き、「何を取引するかはシ、ス、テ、ム、が決める」と言った。

シモンズは大きな取引を指示することはけっしてなかったものの、湾岸戦争が勃発して原油価格が上がりつづけたときの「保険」として、バーレカンプに原油のコールオプションを何口か買わせ、中東での戦火が続くとファンドの総合持ち高を三分の一縮小した。

この調整について顧客に弁明する必要があると感じたシモンズは、その月の報告の中で、「われわれは突然の劇的な変化に対処するために、いまだ人間の判断と干渉に頼らざるをえません」と説明した。

シモンズから絶えず電話がかかってきて、バーレカンプはどんどん苛立ちを募らせていった。「日に四回もかかってきたこともあった。うんざりしたよ」とバーレカンプは言う。

シモンズはまたもやバーレカンプに電話をかけ、今度は、研究チームをロングアイランドに移したいと言い出した。ラウファーをチームのフルタイムメンバーとして再び誘い込んでいたし、トレーディングの取り組みに自分がもっと大きな役割を果たしたいとも思っていたのだ。シモンズは、ロングアイランドなら全員一緒に取り組めると主張したが、バーレカンプとストラウスはその考えに抵抗した。

年末が近づくにつれ、シモンズはバーレカンプに、いまや四〇〇〇万ドル近くを運用するこのファンドがどこまで収益を上げられるかを語りはじめた。モデルを調整したことに大満足で、メダリオンの大成功は近いと確信していたのだ。

そしてある日、「システムに手を加えよう。来年は八〇パーセントまで〔収益を〕上げられるはずだ」と言い放った。

バーレカンプは耳を疑った。

そして浮かれるシモンズをなだめようと、こう諭した。「ジム、運が良かったってところもあるんだ」

電話を切ったバーレカンプは、いらいらして頭を振った。メダリオンの収益はすでに驚くほど大きかった。その運用成績をさらに上げるどころか、同じペースで連勝を続けられるとさえも、バーレカンプは思っていなかったのだ。

シモンズはさらに迫ってきた。チームを拡張して、屋上に衛星アンテナを増やし、それ以外のインフラにも資金をつぎ込んで、メダリオンのコンピュータトレーディングシステムをアップグレードできるようにしたかったのだ。そこでバーレカンプに、その新たな出費の一部を負担するよう求めた。

シモンズの度重なる圧力にバーレカンプは苛立っていた。いまだにバークレーで非常勤教授を務めていて、自分が以前よりも楽しんで授業をしていることに気づいていた。きっと、そこには四六時中指図してくるような人物などいなかったからだろう。

「ジムがしょっちゅう電話してくるから、教えるほうが楽しかったのさ」とバーレカンプは釈明する。

やがて我慢の限界に達した。そしてついに、シモンズに電話である提案をした。

「ジム、君が八〇パーセント上がると考えていて、俺が三〇パーセントしか上がらないと考えているってことは、君はこの会社の価値を俺よりもずっと高く見ているはずだ。なら俺の持ち株を買い取ったらいいんじゃないか？」

シモンズは言われたとおりにした。一九九〇年一二月、アックスコムは解散した。シモンズはバーレカンプ持ち分の所有権を現金で買い取り、ストラウスとアックスはアックスコムの持ち株と引き換えにルネサンスの株を取得した。メダリオンはルネサンスが運用することになった。バーレカンプはバークレーでの教職に戻ってフルタイムで数学の研究を始め、所有していたアックスコム株を、わずか一六カ月前に買ったときの六倍の価格で売却した。盗っ人同然だと思った。

「天井知らずに上がるなんて思ってもいなかったよ」とバーレカンプは言う。

のちにバーレカンプは、バークレー・クオンティタティブという投資会社を立ち上げて独自に先物のトレーディングをおこない、一度は運用資産が二億ドルを超えた。そして月並みな収益を記録したのちに、二〇一二年に廃業した。

「俺はいつも好奇心のほうに突き動かされていた。ジムの興味はお金だけだった」とバーレカンプは言う。

二〇一九年春、バーレカンプは肺線維症の合併症で世を去った。七八歳だった。

*

バーレカンプ、アックス、バウムがみな会社を去ったが、シモンズはとくに心配はしなかった。システム的に投資する絶対確実な手法をすでに編み出したと確信していたからだ。コンピュータとアルゴリズムを使って、見過ごされてきたパターンを市場の中から探し出し、テクニカルトレーディングをもっと科学的で高度にしたともいえる方法で、コモディティや債券や通貨を取引するという手法である。

しかしシモンズはあくまでも数学者で、投資の歴史に関する知識は限られていた。この方法論が自分が思っていたほど独創的でないことには気づいていなかった。また、同様の手法を使ってこれまで何人のトレーダーが破滅したかも知らなかった。逆に、同様の戦術を使うトレーダーの中には、シモンズにかなり先んじている者もいた。

本当に金融市場を征服するには、巨大な障害を次々に克服していかなければならなかったが、シモンズはそれらの障害の存在に気づいてすらいなかった。

第7章

ライバルとの戦い

先人たちの栄光と挫折

一九九〇年後半にジム・シモンズをあれほど興奮させたのは、ある単純なひらめきだった。過去のパターンに基づいたコンピュータモデルを組み立てて、それまで見過ごされてきた現在の市場のトレンドを特定できれば、過去から未来を予知できるはずだ。シモンズはこのアイデアをかなり以前から抱いていたが、ここにきて大きな収益を上げたことで、この方法論が勝利すると確信したのだった。

しかし、金融の歴史を掘り下げることにはあまり時間を割かなかった。もし時間をかけて調べていれば、自分の方法論が特別目新しいものではないことに気づいていたかもしれない。何百年も前から投機家は、さまざまな形のパターン認識を活用して、ルネサンスが使っているのに似た手法に頼ってきた。威勢の良い彼らの多くが無残にも失敗したり、あるいは単なるペテン師だったりしたという事実は、シモンズにとって縁起の良いものではなかった。

シモンズの投資スタイルのルーツは、はるかバビロニア時代にまでさかのぼる。その頃の商人は、大麦やナツメヤシなどの作物の価格を粘土板に記録して、将来の値動きを予測しようとしていた。一六世紀半ば、ドイツ・ニュルンベルクの商人クリストファー・クルツが、シナモンやコショウなどのスパイスの二〇日間の価格を予測できると主張して喝采を浴びた。クルツは当時のほとんどの人と同じく占星術に頼ったが、それとともに過去のデータの検証もおこない、長期間続くトレンドに従って価格が変動するなど、信頼に足るいくつかの原則を導いた。

一八世紀の日本では、「相場の神様」と呼ばれた米商人で山師の本間宗久《そうきゅう》が、全国の米取引の始値、高値、安値、終値を長期間にわたって視覚的に表現するためのチャートを考案した。標準的な「ローソク足」など、本間が考案したそれらのチャートは、初期の比較的高度な平均回帰トレーディング戦略を生んだ。本間は、市場は感情に司《つかさど》られていると論じた上で、「損はすぐに切って、得は長く持つ」という、いまでも先物トレーダーが心に刻み込んでいる戦術を説いた。[1]

一八三〇年代、イギリスのエコノミストたちが、高度な価格チャートを投資家向けに販売した。そして一九世紀末、ダウ・ジョーンズ工業株価平均を考案して『ウォール・ストリート・ジャーナル』の創刊に寄与したアメリカ人ジャーナリストのチャールズ・ダウが、さまざまな市場仮説に厳密な数学を当てはめ、価格トレンドや取引規模などの要素を表現したチャートに頼る現代のテクニカル分析を生み出した。

二〇世紀初頭、金融予測を手がけるウィリアム・D・ギャンが、運用成績が疑わしいながらも熱狂的な支持者を集めた。言い伝えによると、ギャンはテキサス州で綿花農場を営む貧しいバプテスト派の一家に生まれたという。農場で家族を手伝うために小学校を中退し、地元の綿問屋だけで金融を学んだ。やがてニューヨーク市にやって来て一九〇八年に証券会社を開き、価格チャートを巧みに読み解いては、周期性や揺り戻しを特定して予測できるとの評判を高めた。

ギャンが行動指針としたのは、旧約聖書の『伝道の書』にある「先にあったことは、また後にもある。……日の下には新しいものはない」という一節である。ギャンにとってこの一節は、トレーディングで利益を上げる鍵が過去の参照点にあることを意味していた。たった一カ月で一三〇ドルの資金を一万二〇〇〇ドルに増やしたとされたことで、ギャンの名声は高まった。支持者たちは、ギャンが大恐慌からパールハーバー攻撃まであらゆる出来事を予測したと信じた。そんなギャンは、普遍的な自然の秩序が人生のあらゆる面を支配していると考えて、それを「振動の法則」と名付け、また幾何学的な配列や角度を使って市場動向を予測できると結論づけた。今日でも「ギャン分析」は、テクニカルトレーディングの一分野として比較的人気がある。

しかしギャンの投資成績はけっして芳しくなく、支持者はとてつもない大失敗を見過ごそうとした。たとえば一九三六年にギャンは、「ダウ・ジョーンズ工業株価平均が再び三八六ドルで売られることはけっしてないという自信がある」と発言した。つまり、ダウが再びこのレベルに達することはないという意味だが、この予測は時の検証には耐えられなかった。ギャンは本を八冊著して投資に関するニュースレターを毎日書いたが、自らのトレーディング手法の詳細はほとんど明かさなかった。いくつかの資料によると、死んだときの純資産はたった一〇万ドルだったそうで、それがさらなる疑念を呼び起こした。[2]

「彼は金融界の占星術師のようなものだった」と、ＭＩＴスローン経営大学院の教授アンドリュー・ローは結論づけている。

その数十年後、ジェラルド・ツァイJr.がテクニカル分析などの戦術を使って、激動の一九六〇年代後半でもっとも影響力のある投資家となった。ツァイは投資信託会社フィデリティ・インベストメンツで頭角を現し、値動きの激しい株式の運用で収益を上げて、初の成長型ファンドのマネージャーとなった。その後、マンハッタン・ファンドを創業して大きな話題を集めた。会社の作戦室にはさまざまなチャートを備え、数百種類の平均や比や振動を追跡した。その部屋は摂氏一三度という凍えるような気温に保ち、三人の常勤社員が完全に集中して数値を更新する作業に当たるようにした。

一九六九年から七〇年にかけての下げ相場の中でマンハッタン・ファンドは破綻し、その運用成績と手法は笑いぐさとなった。しかし、すでにツァイはファンドをある保険会社に売却していて、プリメリカという金融サービス会社を大型銀行の主要母体にすべく力を尽くしていた。[3] のちのシティバンクである。

先駆者リチャード・デニスとタートルズ

テクニカルトレーダーは徐々に嘲笑の的となり、彼らの戦略は、良く言って単純でいい加減、悪く言って黒魔術と見られるようになった。しかし、そのように冷やかされても多くの投資家は気にせずに、金融市場のチャートを描いては「ヘッド・アンド・ショルダー」などのよく見られる形状やパターンを追いかけた。スタンリー・ドラッケンミラーなど現代の一流トレーダーは、従来の投資のテーゼが正しいことをチャートに当たって確認している。ロー教授らも、テクニカル分析が定量的投資の「先駆け」だったと論じている。しかし、それらの手法は第三者による徹底した検証を一度もしておらず、そのルールのほとんどは、人間のパターン認識ともっともらしく聞こえる経験則とを訳ありげに組み合わせたもので、その有効性には疑問が示されていた。[4]

シモンズも以前のテクニカルトレーダーと同じように、一種のパターン分析をおこなっては、隠しきれない連続性や相関性を市場データの中に探した。ただし、以前の投資家よりも多少は多くの運をつかもうと、もっと科学的な方法で取引をおこなった。そしてバーレカンプと同じく、テクニカル指標は長期的な投資よりも短期的な取引の目安としてふさわしいという考えを持っていた。しかしさらに、価格チャートをじっとにらむだけでなく、統計解析に基づいて厳密な検証をして高度な予測モデルを立てれば、以前に破滅したチャート信者の二の舞いは避けられるかもしれないと考えていた。

だがシモンズは、ほかにも同様の戦略をせっせと立てている投資家がいて、中には強力なコンピュータと数学的アルゴリズムを使っている人もいるということを知らなかった。そのようなトレーダーの何人かはすでにかなり歩みを進めていて、シモンズは追いかける側になっていた。

さらに、コンピュータ時代が幕を開けるやいなや、いち早くコンピュータを使って市場の秘密を解こうとする投資家が現れていた。早くも一九六五年には経済誌『バロンズ』が、コンピュータは投資家に「計り知れない」恩恵をもたらし、機械によってアナリストは「退屈な作業」から解放されて「もっと創造的な活動」に当たれると論じた。同じ頃に『ウォール・ストリート・ジャーナル』も、コンピュータは膨大な数の株式をほぼ瞬時に順位付けして選り分けることができると囃《はや》し立てた。ジョージ・グッドマンは、アダム・スミスという筆名で書いた、金融に関する当時の名著『ザ・マネーゲーム』の中で、ウォール街を侵略しつつある「コンピュータ人」をあざ笑った。

投資界の一部では投資の提案などの業務に機械が使われていたものの、比較的容易な統計分析にもそのテクノロジーはまだ活用できなかったし、当時の金融は数学にさほど重きを置いていなかったため、高度か否かにかかわらずモデルの必要性もあまりなかった。それでも、シカゴを拠点とするリチャード・デニスというトレーダーは、取引から感情や不合理性を排除することを狙って、あらかじめ定めた具体的なルールが司るトレーディングシステムを構築した。それは、シモンズが熱中した方法論にどこか似ていた。ルネサンスの社員は一九八〇年代にモデルの改良に奮闘するさなか、つねにデニスの成功のことを耳にしていた。デニスは二六歳にしてすでにシカゴ商品取引所で独特の存在感を放ち、「立会場《ピット》の王子」との異名を得た。当時、デニスにインタビューした人によると、金縁の分厚いめがねを掛け、腹がベルトに覆いかぶさり、細い縮れ髪が「ビーグル犬の耳のように顔の周りに」垂れ下がっていたという。

デニスは市場のトレンドを追いかける自らのシステムに自信を持ち、そのルールを条文にまとめて、「タートルズ」と呼ぶ二〇人ほどの新参者に伝授した。そして彼らに資金を預けて、おのおのにトレーディングをさせた。自分の戦術が簡単かつ確実で、初心者でもそれを使えば市場の達人になれるかどうかをめぐって、かなり以前から友人と言い争いを続けていて、その論争に勝てればと思ったのだ。タートルズの中にはめざましい成功を収めた者もいた。デニス本人は、一九八六年に八〇〇〇万ドルを稼ぎ出し、翌年にはおよそ一億ドルを運用したと言われている。しかし一九八七年の市場の混乱で大きな痛手を負い、シモンズに似たスタイルのトレーダーとしていまのところ最後に破滅した人物となった。デニスは資産を半分ほど失ったのちに、トレーディングからいったん手を引き、リベラルな政治運動、とくにマリファナの合法化に注力した。

「トレーディングよりも人生のほうが大事だよ」と、当時、デニスはインタビューに答えている。[5]

信用されない「コンピュータ人間」

一九八〇年代、応用数学者や元物理学者がウォール街やロンドンのシティで次々に採用された。その多くは、複雑なデリバティブやモーゲージ（住宅ローン）商品の価値を評価して、リスクを分析し、投資ポジションを守る《ヘッジする》ためのモデルの構築に従事した。これらの活動は、「金融工学」の一形態として知られるようになった。

そのような数学モデルの設計と実装に携わる人たちのあだ名を金融界が思いつくまでに

は、しばらく時間がかかった。コロンビア大学で理論物理学の博士号を取得してからウォール街の会社に就職したエマニュエル・ダーマンによると、初めのうち彼らは、ロケット工学がもっとも先進的な科学であると決めつける連中から「ロケット科学者」と呼ばれていたという。やがて彼ら専門家は、定量的《クオンティテイティブ》金融スペシャリストを略して「クオンツ」と呼ばれるようになった。ダーマンの話によると、銀行や投資会社のシニアマネージャーの多くは長年、自分たちがコンピュータを無視しつづけていることを誇りにし、この呼び名を悪口として使っていたという。ダーマンも一九八五年にゴールドマン・サックスに入社したとき、「数字に強いと肩身が狭いことにすぐに気づかされた。……トレーダーや外交員や銀行家のいる中で、話の通じる二人の大人が数学やUNIXやC言語について話すのは、なんとも気まずいものだった」という。

「周りの人は視線を逸《そ》らした」と、ダーマンは自伝『物理学者、ウォール街を往く。』の中で書いている。[6]

「コンピュータ人間」が疑いの目で見られるのもしかたのないことだった。一つの理由として、彼らの高度なヘッジ取引もつねに完璧とは限らなかったことがある。一九八七年一〇月一九日、ダウ・ジョーンズ工業株価平均が二三パーセントと、一日あたり史上最大の下げ幅を記録した。その原因は、「ポートフォリオ・インシュアランス」が広く使われていたこととされている。これは、下落の最初の徴候が見られたら、さらなる損失を防ぐために、投資家のコンピュータが株価指標先物を売るというヘッジング手法である。当然、売られたことで株価はさらに下がり、それがさらなるコンピュータ売りを招いて、最終的に総崩れとなったのだ。

それから四半世紀のち、『ニューヨーク・タイムズ』の伝説的な金融コラムニストであるフロイド・ノリスが、この暴落を指して次のように論じた。

「頭の悪いコンピュータによる、市場の破壊の始まりだった。あるいはコンピュータの肩を持つのであれば、間違いを犯す人間によってプログラミングされて、プログラムの限界を理解しない人間に信用されたコンピュータによる、となる。コンピュータが関わってくるにつれて、人間の判断は顧みられなくなったのだ」

「フラクタル」と呼ばれるギザギザの数学的図形が自然界に見られる不規則な形に似ていることを証明したブノワ・マンデルブロ教授は、一九八〇年代、金融市場にもフラクタルのパターンが見られると論じた。その学説によれば、市場は予想外の出来事を、広く考えられているよりも頻繁に起こすことになる。それが根拠となって、高性能コンピュータのはじき出す複雑なモデルにはますます疑念が持たれるようになった。それ以前にも、トレーダーから作家に転身したナシーム・ニコラス・タレブなど何人かが、広く使われている数学的道具やリスクモデルでは、過去のパターンから予想外の形で大きく外れる事態に対して十分に備えることができず、そのような事態はほとんどのモデルが示すよりも頻繁に起こると説いていたが、マンデルブロの研究はこの見方をさらに裏付けるものだった。

このような懸念もあって、モデルや機械を操る人の多くは、トレーディングや投資に携わることを認められなかった。あくまでも、銀行や投資会社のトレーダーなど重職の人を手助けするだけで、余計な手出しはしない人物として雇われていたのだ。一九七〇年代にはバークレーの経済学教授バー・ローゼンバーグが、株価に影響をおよぼすいくつかの要因を追跡する定量的モデルを編み出した。そして、自分でトレーディングをして一財産築くのでなく、そのコンピュータプログラムを、株価の挙動を予測したい投資家に販売した。

ソープのデリバティブ取引

定量的戦略を使って多額の投資をした、現代で初の数学者は、エドワード・ソープである。ソープは学者として情報理論の父クロード・シャノンと共同で研究する傍ら、テキサス大学の科学者ジョン・ケリー（エルウィン・バーレカンプに影響を与えたあの人物）による比例ベッティング戦略を取り入れた。初めはその才能をギャンブルに応用して大勝を重ね、また著書『ディーラーをやっつけろ!』がベストセラーになって名を上げた。その本では、ルールに基づく体系的なギャンブル戦略に対するソープの考え方と、運のゲームでオッズの変化を利用する秘訣《ひけつ》が説明されている。

一九六四年にソープは、世界最大のカジノとも言えるウォール街に関心を向けた。そしてテクニカル分析に関する本や、ファンダメンタル投資の基礎を築いたベンジャミン・グレアムとデビッド・ドッドの画期的大著『証券分析』を読み、「これほど大勢の人間がいかにものを知らないかに驚いて、奮い立った」(自伝『天才数学者、ラスベガスとウォール街を制す』より)[7]。

ソープが狙いを定めたのは、あらかじめ決められた価格で株式を購入する権利、いわゆるストック・ワラント(株式引受権)である。ソープはワラントの「適正価格」をはじき出す公式を導いて、市場での価格の異常を瞬時に見つけ出す力を手にした。そしてヒューレット・パッカードのコンピュータ、HP9830でプログラムを組み、市場全体の急変動からポートフォリオを守るための戦術として、この公式に基づいて割安のワラントを買い、割高のワラントを空売りした。

一九七〇年代にソープは、ヘッジファンドのプリンストン・ニューポート・パートナーズの経営に携わって大きな収益を上げ、俳優のポール・ニューマンや映画プロデューサーのロバート・エバンズ、脚本家のチャールズ・カウフマンなど、数々の著名な投資家を惹きつけた。ソープの会社はコンピュータがはじき出すアルゴリズムと経済モデルに基づいてトレーディングをおこない、あまりに大量の電力を使うせいで、南カリフォルニアにあるオフィスはいつもうだるような暑さだった。

ソープの編み出したトレーディングの公式は、フランス人数学者ルイ・バシュリエの博士論文から影響を受けていた。バシュリエは一九〇〇年、のちにアルベルト・アインシュタインが花粉の微粒子のブラウン運動を記述するために用いるのと同様の方程式を使って、パリ証券取引所でのオプション価格を決定する理論を編み出した。株価の不規則な値動きについて論じたそのバシュリエの博士論文は何十年ものあいだ顧みられていなかったが、ソープらが、それが現代の投資に当てはまることに気づいたのだった。

一九七四年、『ウォール・ストリート・ジャーナル』の第一面にソープが、「コンピュータの公式が市場での成功の秘訣」という大見出しで取り上げられた。その一年後、資産を増やしつづけるソープは、新車の赤いポルシェ911Sを乗り回していた。ソープにとって唯一理にかなった投資法は、コンピュータモデルに頼ってワラントやオプションや転換社債などのいわゆるデリバティブ証券を取引することだった。

ソープは次のように書いている。

「モデルは現実を単純化したものであって、ちょうど街の地図を見れば、ある場所からある場所へどうやって行けばいいかが分かるのに似ている。正しいモデルが得られれば、そのルールを使って、新たな状況で何が起こるかを予測できる」

疑う人たちはせせら笑った。ある人は『ウォール・ストリート・ジャーナル』に対し、「現実の投資の世界はあまりにも複雑で、モデルに還元することはできない」と語った。それでも一九八〇年代後半には、ソープのファンドの運用資産は三億ドル近くに達し、当時シモンズのメダリオンが運用していた額、二五〇〇万ドルを大きく上回った。ところが、近郊のロサンゼルスで活動するジャンク債の帝王マイケル・ミルケンを取り巻くトレーディングスキャンダルにプリンストン・ニューポートが巻き込まれ、投資界の有力者になるというソープの望みは完全に潰《つい》えた。

ソープは何らの不正で咎められることもなく、最終的にプリンストン・ニューポートに関する告訴はすべて取り下げられたが、捜査によって世間の注目を浴びたことでファンドは勢いを失い、一九八八年後半に廃業した。この結末をソープは「トラウマ的」と形容している。このヘッジファンドは一九年の操業期間にわたって平均一五パーセントを超える年間収益を上げ（さまざまな手数料を差し引いた値）、この期間における市場の利回りを上回った。

もしも政府の手が入らなかったら「億万長者になっていただろう」と、ソープは言う。

株のペアトレード

ゲリー・バムバーガーは、一九八〇年代前半には財産にも無縁だったし、自分が有名人になるとも思っていなかった。背が高くて痩せ形、コロンビア大学でコンピュータ科学を専攻したバムバーガーは、モルガン・スタンレーで株式トレーダーを分析および技術面で手助けしたが、この投資銀行という機械の歯車の一つとして正当な評価を受けてはいなかった。トレーダーは顧客のために大口で株式を売買するとき、たとえばコカ・コーラ株を数百万ドル分買うときには、自己防衛のために、それと似ている株、たとえばペプシ株を同額分売っていた。この方法を一般的に「ペアトレード」という。バムバーガーはモルガン・スタンレーのトレーダーの運用データを逐次更新するソフトウェアを作ったが、トレーダーの多くは、社内のコンピュータオタクに助けられていると考えると腹が立った。

トレーダーの売買を見ていたバムバーガーは、大口で株式を買うと、予想どおりその株価が上がることに気づいた。モルガン・スタンレーのトレーダーが大口で株式を売ると、株価は下げに転じた。取引がおこなわれるたびに、市場に何もニュースがなくても、問題の株式と、それとペアの株式との価格差、いわゆる「スプレッド」が変化した。たとえばコカ・コーラ株の大口の売り注文が出ると、その株価は一ないし二パーセント下がるかもしれないが、ペプシ株はほとんど値が動かない。コカ・コーラ株が売られた影響が収まると、二つの株のスプレッドは通常に戻る。モルガン・スタンレーの取引活動だけがコカ・コーラ株の下落の原因だったのだから、これは理にかなっている。

バムバーガーはここにチャンスを嗅ぎ取った。ペアとなっているさまざまな株式の過去の価格を追跡したデータベースを作れば、大口取引など通常と違う取引の後に株価スプレッドが過去のレベルまで戻るのに賭けることで、収益を得られるはずだ。バムバーガーのボスはなるほどと思い、彼に開発費五〇万ドルと何人かのスタッフをあてがった。そうしてバムバーガーは、ペアとなっている株式の「一時的変動」につけ入るためのコンピュータプログラムの開発に取りかかった。正統派ユダヤ教徒でヘビースモーカー、皮肉っぽいユーモアセンスのあるバムバーガーは、ランチには毎日、茶色の紙袋に入れたツナのサンドイッチを持ってきた。一九八五年には、同時に六ないし七銘柄の株式で自らの戦略を実行して三〇〇〇万ドルの資産を運用し、モルガン・スタンレーに収益をもたらした。[8]

官僚主義的な大企業は、まさに官僚主義的に振る舞うものだ。モルガン・スタンレーは、バムバーガーを新たな上司ヌンツィオ・タルタリアの下につけたが、タルタリアの無礼な言動にバムバーガーは反発して会社を辞めてしまった（その後、エドワード・ソープのヘッジファンドに加わって同様のトレーディングを手がけ、最終的に百万長者となって引退した）。

モルガン・スタンレーのAPT

背が低くて痩せている宇宙物理学者のタルタリアは、モルガン・スタンレーのトレーディンググループを、先任者とはまったく違うふうに統率した。ブルックリン出身でウォール街を渡り歩いてきたせいで、人当たりが厳しかったのだ。あるとき、新しい同僚が近づいてきて自己紹介しようとすると、タルタリアは即座に話を遮った。

そして、近くの窓から見えるニューヨーク市の街並みを指差しながら、「俺はあそこから来たんだから、俺には何も指図するな」と言い放った。[9]

タルタリアはグループを「自動自己勘定取引」（APT）と改称し、マンハッタン中心部の高層ビルに入っているモルガン・スタンレー本社の一九階、奥行き一二メートルほどの部屋に移転させた。そしてシステムをさらに自動化し、一九八七年には五〇〇〇万ドルの年間収益を上げた。チームのメンバーは、自分たちが取引している株式のことを何一つ知らなかったし、知る必要もなかった。彼らの戦略は、単に株式どうしの過去の相関性が回復することに賭けるというもので、昔ながらの「安く買って高く売れ」という格言を、コンピュータプログラムと高速取引によって実行したものといえる。

コロンビア大学のコンピュータ科学の元教授デビッド・ショーや数学者のロバート・フライなど何人かを新たに雇ったことで、収益はさらに増えた。彼らモルガン・スタンレーのトレーダーは、「統計的アービトラージ《スタティスティカル》」（略称「スタット・アーブ」）という戦略をいち早く取り入れた。一般に統計的アービトラージとは、統計的アノマリーなどの市場動向につけ入ることを狙って、市場全体とは関連性のない取引を同時に大量におこなうというものである。このチームのソフトウェアは、それぞれの株式を、たとえば過去何週間かの騰落に基づいてランク付けした。それを受けてAPTチームは、その取引パターンが元に戻ることを期待して、一業種内の上位一〇パーセントの株を空売りし、下位一〇パーセントを買った。もちろん毎回元に戻ったわけではないが、この戦略を十分な回数実行したことで、二〇パーセントという年間収益を上げたのだ。投資家は良いニュースにも悪いニュースにもいったん過剰反応してから冷静になるもので、それによって株式どうしの過去の相関性が回復するのだと思われる。

一九八八年にAPTチームは、世界でもっとも規模が大きく、もっとも謎めいたトレーディングチームとして、一日九億ドル相当の株式を売買した。しかしその年に大きな損失を出し、モルガン・スタンレーの幹部はＡＰＴの運用資産を三分の二削減した。経営陣はコンピュータモデルに頼って投資をすることを快く思っていなかったし、莫大な収益を上げるタルタリアのチームに対する周囲の嫉妬も深まっていた。まもなくしてタルタリアは退職し、グループは解散した。

それから何年ものあいだ明らかにはならなかったが、モルガン・スタンレーは金融史上もっとも儲かるトレーディング戦略をみすみす逃したのだった。

シモンズのもとでファクター投資を開花

ＡＰＴグループが活動停止するかなり以前から、ロバート・フライは不安を募らせていた。不安の種は、ボスのタルタリアが上層部とそりが合わず、もし損失を出したらチームが解散させられかねないことだけではなかった。若い頃に転倒して脚と腰を大怪我したせいで足を引きずって歩いていた、ずんぐり体型のフライは、ライバル会社がグループの戦略に気づきつつあることを確信していたのだ。ソープのファンドもすでに似たようなタイプの取引をおこなっていたし、フライはほかにも、間違いなく後を追っていそうなファンドをいくつか見つけた。新たな戦略を考え出す必要があった。

そこでフライは、さまざまな株式の値動きを細かい要素に分解するために、その値動きを引き起こす複数の独立変数を特定するという手法を提案した。たとえばエクソン株の急騰の原因は、原油価格の値動き、ドル相場、市場全体の勢いなど、複数の要因《ファクター》に帰することができる。プロクター・アンド・ギャンブル株が値上がりする最大の要因は、この会社の健全なバランスシートと、多額の負債を抱える企業を嫌う投資家が安全な株式を欲することかもしれない。もしそうであれば、健全なバランスシートの会社の株式と負債の多い会社の株式との利回りの差が過去の上限を超えたときに、前者を売って後者を買うのが良いかもしれない。この頃には一握りの投資家や学者が「ファクター投資」の手法を考えはじめていたが、フライは、コンピュータ統計学などの数学的手法を使って、株価を変動させる真の要因を抜き出せば、さらに収益を上げられるのではないかと考えた。

だが、フライと同僚たちがいくら訴えても、モルガン・スタンレーのお偉方は彼らの革新的なファクター投資の方法論にさほど関心を示さなかった。

「余計なことするなと言われたんだ」とフライは振り返る。

モルガン・スタンレーを辞めたフライは、ジム・シモンズと接触して金銭的支援を得て、新会社ケプラー・フィナンシャル・マネジメントを立ち上げた。そして数人の仲間と一緒に小型コンピュータを数十台用意して、自分が考えた統計的アービトラージの戦略に賭けた。すると間髪入れずに、モルガン・スタンレーの弁護士から脅迫的な手紙が届いた。フライは何も盗んでいなかったが、この方法論はモルガン・スタンレーに勤めていたときに編み出したものだった。しかしフライは幸運だった。タルタリアがフライを含めグループの全員に、会社の秘密保持契約にも非競争契約にもサインさせなかったことを思い出したのだ。というのもタルタリアは、特別手当に満足できなかったら、チームごとライバル会社に移るという選択肢を残しておきたかったからだ。このためモルガン・スタンレーには、フライのトレーディングをやめさせる十分な法的根拠がなかった。フライは多少おののきながらも、モルガン・スタンレーのしつこい脅迫を無視してトレーディングを始めた。

ライバルヘッジファンドの登場

一九九〇年にはシモンズは、フライとケプラー社が株式取引で成功するかもしれないと大きな期待を抱いていた。そして自身のファンドであるメダリオンと、債券やコモディティや通貨市場での定量的トレーディング戦略にますます没頭した。だが、似たようなトレーディング戦略を採用するライバルが出てきたことで、競争が激しくなっていった。シモンズの最大の競争相手は、やはりモルガン・スタンレーのAPTグループから逃れてきたデビッド・ショーであることが分かった。スタンフォード大学で博士号を取得した三六歳のショーは、一九八八年にモルガン・スタンレーを辞めたのちにゴールドマン・サックスから誘いを受け、その職に就くかどうか決めかねていた。そこで進路を相談しようと、ヘッジファンドマネージャーのドナルド・サスマンに掛け合うと、ロングアイランド湾でのセイリングに連れ出された。サスマンの全長四五フィート〔約一四メートル〕のヨットで一日過ごすだけだったのが、結局三日に延び、二人はショーの取るべき行動について話し合った。「テクノロジーを証券トレーディングに使えると思っているんだ」とショーはサスマンに言った。

するとサスマンは、ゴールドマン・サックスに勤める代わりに自分でヘッジファンドを立ち上げたほうがいいと勧め、とりあえず「シード投資」として二八〇〇万ドルの資金を提供した。心動かされたショーは、マンハッタンのユニオンスクエア地区の中でも当時は埃《ほこり》っぽかった地域にある、共産主義者向けの書店、レボリューション・ブックスの上階の貸事務所で、DEショーという会社を立ち上げた。そこで最初にやったのが、サン・マイクロシステムズの高価な超高速コンピュータを二台購入することだった。

「あいつにはフェラーリが必要だった。だからフェラーリを買ってやったのさ」とサスマンは言う。[10]

スーパーコンピュータの専門家だったショーは、自らの科学的トレーディング法に同調する数学や科学の博士を何人か雇った。また、さまざまな経歴を持つ超優秀な人材も連れてきた。英文学や哲学を専攻した人を好んで雇ったが、そのほかに、チェスの名人、スタンドアップ・コメディアン、作家、オリンピックレベルのフェンシング選手、トロンボーン奏者、建物解体の専門家も雇った。

「先入観のある人材は欲しくなかった」と初期の幹部は言う。[11]

ウォール街のたいていの会社のトレーディングルームは騒々しいものだったが、ショーのオフィスは静かで重々しい雰囲気に包まれており、研究室を訪れた人は、社員たちがジーンズとTシャツといういでたちなのにもかかわらず、議会図書館を連想した。当時はインターネット黎明《れいめい》期で、Eメールを使っていたのは学者くらいだったが、ショーはプログラマーの一人にネット新時代の可能性を懇々と語った。

ある同僚には次のように説いた。

「人々はインターネットでものを買うようになるだろう。ただ買い物をするだけじゃなくて、何か買うときには……『このパイプは良い』『このパイプは悪い』とつぶやくだろうし、レビューを投稿するようにもなるだろう」

プログラマーの一人ジェフリー・ベゾスは、ショーのもとで数年間働いたのちに、引っ越し用トラックに身の回りのものを積み込み、当時の妻マッケンジーの運転でシアトルへ向かった。その道中、ノートパソコンに自分の会社アマゾン・ドット・コムの経営計画を打ち込んだ（最初は「カダブラ」〔「アブラカダブラ」の後ろ半分〕という社名を選んだが、あまりにも多くの人に「カダバー」〔死体の意〕と勘違いされたため、この名前はあきらめた）[12]。

ショーのヘッジファンドは、フェラーリのエンジンを起動させるやいなや、収益を生み出しはじめた。そしてすぐに運用資産を数億ドルにまで増やし、株式にリンクした投資商品を次々にトレードするようになって、社員は一〇〇人を超えた。

ジム・シモンズは、ショーなど何人かの投資家がどのような前進を見せているか、はっきりとは認識していなかった。それでも、自分より先を走る連中に追いつくために何か特別な策を立てるには、誰かしらの助けが必要だろうということは分かっていた。そこで、デビッド・ショーにヘッジファンド立ち上げの支援をした、あの資本家サスマンに電話をかけ、同様の後押しを期待した。

第８章

「なぜ」を考えなければ儲かる

支援者は誰もいない

六番街に近づくにつれて、ジム・シモンズの心拍は速くなっていった。

蒸し暑い夏の午後だったが、シモンズは好印象を持ってもらおうと、ジャケットとネクタイを身につけていた。事業は大きな問題を抱えていた。一九九一年にはデビッド・ショーら何人かの起業家が、株式トレーディングにコンピュータモデルを使いはじめていた。しかし、ウォール街の実力者の中でそのことを知る少数の人たちは、この方法論をバカにしていた。シモンズのように不可解なアルゴリズムに頼るのは滑稽《こっけい》で、さらには危険だと思われていたのだ。理解しがたいし、深刻なリスクが覆い隠されかねないということで、「ブラックボックス投資」と呼ぶ人もいた。考え抜かれた分析と磨き上げられた直観を組み合わせる昔ながらの方法で、莫大なお金が生み出されていた。シモンズと変わったコンピュータを必要とする人がどこにいるというのだろうか?

マンハッタン中心部の高層オフィスビルでシモンズを待っていたのは、マイアミ出身の四五歳、ウォール街では少々異端者だったドナルド・サスマンである。二〇年以上前、コロンビア大学の学部生だったときに、休学して小さな証券会社で働いた。そしてその会社で、とりわけ複雑な投資商品である転換社債のトレーディングのための難解な戦略を知った。そこで、どの債券がもっとも魅力的かを素早く見極められるよう、ボスに掛け合って、初期世代の電卓の購入費用二〇〇〇ドルを出してもらった。電卓を手にしたサスマンは、会社に数百万ドルの収益をもたらし、その棚ぼたの成果に、テクノロジーが強みになることを悟ったのだった。

身長一九〇センチで肩幅が広く、大きな口ひげを生やしたサスマンは、このとき、パロマ・パートナーズというファンドを運営するとともに、急速に成長するショーのヘッジファンド、DEショーを支援していた。サスマンは、業界の従来の方法論が何であろうが、いつか数学者や科学者が大手投資会社と張り合って、さらには出し抜くのではないかと考えていた。サスマンにはコンピュータを重視するほかのトレーダーにも投資する気があるという噂を聞きつけたシモンズは、サスマンから支援を得られるかもしれないと期待していた。

シモンズは、投資の世界で特別なことをやってのけるために、順調な学者人生を捨てたのだった。だが、丸々一〇年もたったのに運用額は四五〇〇万ドル強、ショーの会社の運用資産の四分の一にすぎなかった。それだけにこの面接は大事だった。サスマンから支援が得られれば、もっと社員を雇ってテクノロジーをアップグレードし、ウォール街で影響力を発揮できるかもしれない。

サスマンはシモンズにいち早く投資した一人だったが、損失をこうむってすでに資金を引き揚げていた。この経験を踏まえると、訪問者には疑念を抱いていたかもしれない。しかしトレーディングアルゴリズムを改良したばかりのシモンズは、自信をほとばしらせていた。そうして、カーネギーホールから一ブロック離れたところにあるサスマンのビルにしっかりとした足取りで入って、エレベーターで三一階まで上がり、セントラルパークが見渡せる広々とした会議室に足を踏み入れた。そこには、訪ねてくるクオンツたちが数式を書き殴るための大きなホワイトボードが置かれていた。

細長い木製テーブルの反対側からシモンズを観察したサスマンは、笑みを浮かべずにはいられなかった。訪問者はあごひげを生やしていて、髪は薄くて白髪交じり。たびたびオフィスを訪ねてきては無心をしてくるほとんどの投資家とは似ても似つかない風貌だった。ネクタイは少し曲がっていたし、ジャケットはウォール街ではめったに見かけないツイードだった。たいていの投資家はアドバイザーを引き連れてくるものだが、シモンズは一人だった。サスマンがまさに手を差し伸べたくなるような、頭でっかちの投資家だったのだ。

「まるで学者みたいに見えたよ」とサスマンは振り返る。

シモンズは売り込みを始め、自身が運営するヘッジファンドのメダリオンが投資手法をどのように改良したかを語った。自信たっぷりの率直な言葉遣いで、一時間以上かけてファンドの収益やリスクや変動性を示し、新たな短期取引モデルの概略を説明した。

「いまではかなりうまくいっています。ブレークスルーを成し遂げたのです」とシモンズは熱く説いた。

シモンズは、大きな収益を上げてルネサンスを大手投資会社にまで成長させられると確約した上で、サスマンに一〇〇〇万ドルの出資を求めた。

「啓示を得たのです。大規模に運用できます」とシモンズは言った。

辛抱強く耳を傾けたサスマンは、心動かされていた。それでもシモンズに資金を提供するわけにはいかなかった。ショーのヘッジファンドへの唯一の出資者だったため、利害が衝突することをひそかに心配したのだ。しかもサスマンは、ショーの会社が学者やトレーダーを雇って、シモンズら駆け出しの定量的トレーダーに対するリードを広げることに手助けまでしていた。出せるお金があったらDEショーに出すべきだろう。さらにショーは年四〇パーセントもの収益を上げていた。ルネサンスが太刀打ちできるとは思えなかった。

「競争相手になりかねないやつに金を出せると思うかい?」とサスマンはシモンズに問いただした。「申し訳ないが、俺にはすでにデビッドがいる」

二人は立ち上がって握手し、連絡を取りつづけることを約束した。シモンズが振り返って去ろうとするとき、一瞬がっかりした表情を浮かべたことに、サスマンは気づいた。

シモンズはほかにも支援してくれそうな人に掛け合ったが、やはり運はついてこなかった。ほとんどの投資家は、面と向かってまでは言わないものの、コンピュータがはじき出すトレーディングモデルに頼るのはバカげていると考えていた。同じく非常識だったのが手数料で、とくにシモンズは運用額の五パーセントを毎年要求していた。ほとんどのヘッジファンドが課す二パーセントをはるかに上回っていた。

シモンズはある投資家に、自分もメダリオンに投資していることを伝えた上でこう言った。「私も手数料を払っています。あなたも払うべきでは?」

そんな屁理屈はとうてい通用しなかった。シモンズが支払う手数料は自分の会社にそのまま入るのだから、そんな言い分に説得力はない。とくに弱みだったのが、メダリオンが著しい収益を上げていたのが二年間にも満たないことだった。

マンハッタンのシモンズのオフィスで彼と会い、自らが代表を務める会社から出資するかどうかを話し合ったウォール街の重鎮アニタ・ライバルは、シモンズを鼻であしらう最後の人物となった。

「彼はコンピュータモデルのしくみを説明しようとしませんでした。彼がどんなことをやっているのか理解できませんでした」とアニタ・ライバルは振り返る。

ルネサンスの社内では、コモディティティーズ・コーポレーションまでもがメダリオンへの支援を断ったという噂が広まった。この会社は、ポール・テューダー・ジョーンズやルイス・ベーコンやブルース・コフナーなど、コモディティ取引に焦点を絞るトレーダーが運営する新興ヘッジファンドで、評判が高かった。

シモンズのある友人は次のように語る。

「業界はこんなふうに見ていた。『コンピュータを使う数学者が群がっているだけだ。……そんな連中がこの商売の何を知ってるっていうんだ』ってね。実績もなかった。……会社を畳んでしまうリスクもあった」

それでもシモンズはトレーディングシステムを使いつづけ、一九九一年に三九パーセントの収益を上げたことで、運用額を七〇〇〇万ドル強にまで増やした。この連勝をさらに伸ばして、メダリオンの収益をもっと増やすことができれば、投資家たちもいずれは振り向いてくれるはずだ。しかし、バーレカンプとアックスとバウムはとうの昔に会社を去っていた。ストラウスはトレーディングやデータ収集などに携わっていたが、研究者ではなく、隠れたトレーディングシグナルを見つけ出すことはできなかった。競争が激しくなったら、メダリオンは収益を上げる新たな術を見つけるしかない。誰かの手助けが欲しいシモンズは、創造的な解決法を示すことで才能を見せつけていた数学者のヘンリー・ラウファーに頼ることにした。

包括的なトレーディングモデルへ

ラウファーは、シモンズやアックスと違って栄誉ある数学賞に輝いたこともなかったし、レニー・バウムやエルウィン・バーレカンプと違って、広く使われるアルゴリズムに自分の名前が付けられることもなかった。だがそれでも、自身の業績と世間からの評価を自分なりに把握していた。そして、シモンズにとってそれまでで一番のパートナーとなる。

ラウファーはニューヨーク市立大学シティーカレッジとプリンストン大学の大学院をそれぞれ二年で卒業し、複素関数の分野のある手ごわい問題の解決に向けて前進して、「埋め込み」（別の数学的構造の中に投影される数学的構造）の新たな例を発見したことで称賛を浴びた。

一九七一年にストーニーブルック校の数学科に加わると、複素関数と代数幾何学に焦点を絞り、古典的な複素解析の分野から外れて、もっと現代的な問題に関する知見を広げた。生き生きした講義で学生に人気があったが、私生活ではもっと臆病だった。高校時代の友人たちの記憶によると、本の虫で計算尺を手放さない内向的な性格だったという。ストーニーブルック校に来て間もない頃、同僚たちに、自分は結婚したいから、できるだけぴったりの女性を見つけられる人間になりたいんだと語った。同僚の数学者レナード・チャーラップとスキー旅行に行ったときのこと、そんなラウファーが、ホテルのバーに降りて「女の子を見つけよう」と持ちかけた。

するとチャーラップはラウファーの顔を覗《のぞ》き込んで吹き出した。

「ヘンリー、君はそういうタイプじゃない」

人見知りのラウファーがホテルのバーで女性を口説くなんて無理だと分かっていたのだ。

「ユダヤ人でいいやつだった」とチャーラップは振り返る。

結局、ラウファーは、ストーニーブルック校の言語病理学の教授で自分と同じリベラルな政治観を持つマーシャ・ズラティンと出会って結婚した。マーシャはラウファーよりも明るい性格で、どんな苦境にあっても自分の気持ちを〝swell〟（「すてき」「天にも昇る」の意）という単語で形容した。流産を繰り返しても、持ち前の気力で友人たちを驚かせ、最終的に健康な子供を何人か産んだ。そしてのちに言語病理学の博士号を取得した。

マーシャの人生観にラウファーは影響を受けたようだ。同僚のあいだでは、積極的に共同研究をすることで知られていた。ラウファーが投資に特別な関心を寄せていることに気づいていた同僚たちは、一九九二年、ラウファーがシモンズの会社にフルタイムの社員として復帰すると、がっかりはしたものの驚きはしなかった。

トレーディングに転向した学者の多くは、市場の動向を逐一気にして神経質で短気になるもので、バウムもシモンズと組んだときにそのような目に遭った。だが、当時四六歳だったラウファーは違っていた。友人たちの話によると、給料が増えたことで、娘たちの大学にかかるお金のことで感じていたストレスが和らぎ、収益を上げられるトレーディングの公式を編み出すという知的挑戦に喜んで取り組んでいたという。

シモンズにとってラウファーの温和な性格は、バウム、アックス、バーレカンプという難しい性格の持ち主と何年も付き合ってきた後だけに、ありがたい安らぎとなった。シモンズはルネサンス全体を統轄するようになって、投資者を口説き、才能ある人材を招き寄せ、緊急事態に備えて計画を立て、チームが最近の高収益をさらに膨らませるための戦略を描いた。いまやそのチームでは、ラウファーがストーニーブルックの新たなオフィスで研究を率い、ストラウスがバークレーでトレーディングをおこなうようなっていた。

ラウファーが初めの頃に下した判断が、のちにとてつもない価値を生み出すこととなる。ほとんどの定量的トレーディング会社が採用していた、さまざまな投資商品や市場環境に応じてさまざまなモデルを用意するというスタイルでなく、たった一つの包括的なトレーディングモデルを用いるという判断である。さまざまなトレーディングモデルを使い分けたほうが単純だし収益を上げやすいことは、ラウファーにも分かっていた。しかし包括的なモデルであれば、ストラウスの収集した膨大な価格データに頼って、さまざまな資産区分にわたる相関性やチャンスなどのシグナルを検出できると、ラウファーは主張した。それぞれ別々のモデルでは、データが少なすぎてうまくいかないかもしれない。

それと同じく重要な点としてラウファーが考えたのは、価格や市場の動向に関するいくつかの中核的な前提に基づく単一の安定したモデルのほうが、後から新たな投資商品を追加するのが容易だということである。さらには、取引データが比較的少ない投資商品でも、大量のデータに基づいてトレーディングをしているほかの投資商品と似ているとみなせれば、投資対象に追加できる。たとえば通貨先物とアメリカのコモディティといった、互いに大きく異なる投資商品を組み合わせるのが難しいことは分かっていた。それでも、その「皺を伸ばす」方法が見つかりさえすれば、単一のモデルによって運用成績をさらに上げられると、ラウファーは主張した。

機械学習を取り入れた「ベッティング・アルゴリズム」

ラウファーは机に何時間もかじりついて、モデルを改良していった。昼食時にはたいてい、年代物のリンカーン・タウンカーにチームのメンバーを乗せて近くの安レストランへ行き、討議を続けた。市場を新たな形でとらえる方法をひねり出すのに、長い時間はかからなかった。

ストラウスらはすでに、何十種類ものコモディティや債券や通貨の価格を数十年にわたって追跡した大量のファイルを揃えていた。そしてそれを処理しやすいように、一週間の取引日を一〇分割していた。海外市場で取引がおこなわれる夜間の五つの期間と、日中の五つの期間だ。要するに一日を二分割することで、各期間で繰り返されるパターンや連続するパターンをチームが探せるようにしたのだ。それを受けてチームは、朝と正午、そして一日の終わりに取引に入っていた。

シモンズは、その貴重なデータを分析するためのもっと良い方法があるのではないかと考えた。一日をもっと細かい期間に分割すれば、日中の価格データをさらに細かく分析して、見つかっていない新たなパターンを掘り起こせるかもしれない。そこでラウファーは、一日を半分、さらには四分の一と分割していって、最終的に、五分足《あし》を単位として分割するのが最善だと判断した。何よりもストラウスの使うコンピュータの処理能力が上がったおかげで、ラウファーは過去のデータを細かい期間に分割して比較できるようになっていた。たとえばこんな感じだ。投資家が神経質になった日には、カカオ先物市場で一八八番目の五分足で価格が下がって、一九九番目に反発することが多いか？ 投資家がインフレを懸念した日には、金市場で五〇番目の五分足に買いが旺盛になり、六三番目の五分足に軟調になることが多いか？

ラウファーが五分足を設定したおかげで、新たなトレンドや異常などの現象、仲間内の言葉で言う「非ランダムトレーディング効果」をチームが特定できるようになった。ストラウスらは、データを深く掘り下げすぎて、まやかしのトレーディング戦略に陥っていないかどうか確かめるために検証を繰り返したが、新たに見つかったシグナルの多くは成り立っているように思われた。

メダリオンのチームは、いわば初めてめがねを掛けて、市場を新たな形で見つめたようなものだった。初期に見いだした事柄の一つが、金曜日の午前中の変動幅から、同じ日の午後遅く、取引間際の変動幅を不可解なほど正しく予測できることだった。ラウファーの取り組みでもう一つ分かったのは、一日の後半に市場が上がったら、取引終了間際に先物を買って、翌日市場が開いたときに売ると儲かるということである。

チームは、変動性に関連する予測効果に加え、金と銀、または灯油と原油など、二つの投資商品の価格が、取引日の中で何度も同じ方向に動く傾向があるといった、一連の「組み合わせ効果」も見つけ出した。新たに見つかったそれらのトレーディングシグナルの中には、なぜ成り立つのかが定かでないものもあったが、「p値」（確率値）が〇・〇一未満、つまり統計的に有意で、統計的なまやかしである確率が低いようなシグナルは、すべてシステムに追加した。

しかしシモンズはすぐに、収益を上げられそうな一連の投資のアイデアを行使するだけではけっして十分でないと気づいた。

そしてラウファーをはじめチームの全員に、「引き金を引くにはどうしたらいいんだろうか?」と問いかけた。

要するに、もう一つの厄介な問題を解決するよう迫ったのだ。考えられる取引が何通りか導かれたが、メダリオンの運用資金に限りがあった場合、それぞれの取引にいくら賭けるべきか? そして、どの値動きを追いかけて優先させるべきか? そこでラウファーは、一日を通じた最適な取引の組み合わせを特定するコンピュータプログラムの開発に取りかかり、シモンズはそれを「ベッティング・アルゴリズム」と名付けた。ラウファーはそれを「動的」なものにすることにした。つまり、リアルタイムの分析に基づいて逐次自ら順応することで、将来の市場動向の確率を踏まえた形でファンドの持ち株比率を調節するということだ。いわば初期型の機械学習といえる。

シモンズは、メダリオンに出資する友人とストーニーブルックへ車で向かう途中、興奮を抑えきれなくなった。

「俺たちのシステムは生き物だ。つねに修正されるんだ。きっと成長させられるはずだ」

新しい仲間

一〇人ほどしか雇っていなかったシモンズが、DEショーに追いついてこの業界で力を握るには、もっとスタッフを揃えなければならなかった。ある日、ストーニーブルック校の博士課程の学生クレシミル・ペナビックが、車に乗って就職面接にやって来た。ラウファーと話をするために待っていると、破れたズボンに安物のローファーといういでたちで、二本の指のあいだにたばこを挟んだシモンズがふらりとやって来て、その就職希望者を値踏みした。

「ストーニーブルックか?」

ペナビックはうなずいた。

「何をやってきたんだ?」

身長一九八センチのペナビックは、あれこれ訊いてくるこの男が誰なのか分からないまま、応用数学に関する卒業研究について説明しはじめた。

しかしシモンズは感心せず、「些細《ささい》な問題だ」と鼻であしらった。数学者の口から出てくる中でももっとも辛辣《しんらつ》な言葉だ。

それでもペナビックはくじけずに、代数学に関するある未解決問題に狙いを定めて書いた別の論文のことをシモンズに話した。

そして、「この問題は些細ではありません」と言い張った。

シモンズが「それも些細だ」と言いながら手を一振りすると、たばこの煙がペナビックの顔にかかった。

ペナビックがかっとなると、シモンズは、まるで悪ふざけをしていたかのようににやりと笑い出した。

そして、「でも気に入ったぞ」と言った。

しばらくしてペナビックは雇われた。

同じ頃、ニック・パターソンという研究者がスタッフに加わった。ただし、その仕事に誘われたことを手放しで喜んだわけではなかった。シモンズが何か不正を働いているのではないかという疑念を拭えなかったのだ。その理由は、ラウファーの短期取引戦術が功を奏して、メダリオンが一九九二年まで三年連続で三三パーセントという年間収益を上げていたことではなかった。また、このファンドが顧客から法外な手数料を取っていることや、推定一億ドルもの資産を運用していることでもなかった。自分も社員も完全には理解していないコンピュータモデルに頼って収益を上げるという、そのシモンズのやり方が疑念の理由だったのだ。

パターソンにとっては、オフィス自体までもが完全には適法でないように見えた。シモンズはルネサンスの研究部門を、ストーニーブルックの住宅街の、街路樹が立ち並ぶノースカントリー・ロード沿いに立つ、一九世紀築の住宅の上階に移していた。その家には九人の社員が押し込められ、ベンチャーキャピタル投資に携わる人たちや、階下で株式取引をする二人の男性など、全員がシモンズの後押しを受けてさまざまな業務に就いていた。みな、ほかの人が何をやっているのかほとんど知らなかったし、シモンズも毎日顔を出すわけではなかった。

そこはあまりにも窮屈で、パターソンの座る場所はなかった。そこで結局、シモンズのオフィスの隅に空いていた場所に椅子と机を収めた。週の半分はニューヨーク市のオフィスにいたシモンズは、その場所を使ってもかまわないと言ってくれた。

パターソンも、シモンズが数学や暗号解読で功績を上げていたことは十分に知っていたが、それでも疑念が弱まることはほとんどなかった。

「数学者でも悪党になることがある。ヘッジファンドでマネーロンダリングするなんてすごく簡単だ」とパターソンは言う。

パターソンは一カ月のあいだ、メダリオンがポートフォリオに組み込んでいるさまざまな銘柄の終値をこっそりと書き留め、『ウォール・ストリート・ジャーナル』の紙面と一行ずつ念入りに突き合わせて、一致しているかどうかを確かめた。※

疑り深い性格はこうして生まれた

シモンズの使っている数値をチェックした末にようやく安心したパターソンは、自分の数学の技能を使って事業の手助けをすることだけに集中しはじめた。自分が数学好きだと気づくまでには、何年もかかっていた。幼い頃のパターソンにとっては、数学は単なる道具で、自分の身を守るためのものだった。顔面形成異常という稀な先天性疾患にかかっており、顔の左半分が歪《ゆが》んでいて左目が見えなかった。[1] ロンドン中心部のベイズウォーター地区で一人っ子として育てられ、カトリックの寄宿学校に入れられて容赦のないいじめを受けた。両親と話ができるのは週一回までで、イギリス人らしい不屈の精神を身につけようと心に決め、勉強の才能を武器として使った。

「イギリスのドラマなんかでよく見る、優等生キャラクターになったのさ」とパターソンは振り返る。「変わっているけど、できるやつだと思われて、みんな放っておいてくれた」

もっぱら数学に惹かれたのは、かなりの負けず嫌いだったからにすぎず、自分が一番になれる分野が見つかったことこそが嬉しかった。実は数学が好きだと気づいたのは、一六歳になってからだった。その数年後にケンブリッジ大学を卒業すると、商用のプログラムコードを書く仕事に就いた。ぴったりの仕事で、プログラミングを知らない同僚数学者たちを追い抜いていった。

チェスが強いパターソンは、自由な時間のほとんどを、チェス盤を貸し出して客どうしに本気の対戦をさせるロンドンの喫茶店で過ごした。そして何歳も年上の相手を次々に打ち負かした。しばらくすると、その喫茶店は単なる隠れ蓑《みの》で、秘密の階段を上がると、地元の悪党が取り仕切る違法ポーカー店につながっていることを知った。入店を認められたパターソンは、自分はポーカーも得意だとすぐに気づき、大金をつかみはじめた。すると、その才能に目を付けた悪党から、思ってもいない提案を受けた。

「下の階で俺の代わりにチェスで客をカモにしろ。勝った金は俺と分け合う。負けた分は俺が全部かぶろう」

※パターソンが猜疑心を抱いていたのには、自分が気づいている以外の理由もあった。同じ頃、ロングアイランド出身の投資家バーナード・マドフが、史上最大規模のねずみ講を構築していたのだ。

パターソンにリスクはなかったが、それでも提案を断った。すると悪党から、お前は大きな間違いを犯したと言われた。

「バカか？　数学なんかじゃ稼げねえぞ」と悪党はせせら笑った。

この経験からパターソンは、合法そうなものも含め、金儲けのための活動はすべて疑ってかかるものだということを学んだ。何年ものちにシモンズにあれほど疑念を抱いたのも、それが理由だったのだ。

卒業後、パターソンはイギリス政府の暗号解読者として活躍し、傍受したメッセージを解読したり秘密のメッセージを暗号化したりするための統計モデルを構築した。所属は、第二次世界大戦中にアラン・チューリングがドイツの暗号を破ったことで名を馳せたあの部隊だった。パターソンが用いたベイズの定理は単純だが奥の深いもので、これを使うと、当初の考えを新たな客観的情報によって更新することで、理解を深めることができる。

パターソンは、この分野における長年の問題を解決し、見落とされてきたデータのパターンを解き明かした。政府にとってあまりにも貴重な人材となり、NATOの最高機密書類の中には、「アメリカおよびニック・パターソン以外には極秘」と記されているものまであった。

「まるでジェームズ・ボンドさ」とパターソンは言う。

何年かのちに給与水準が改定されて、暗号解読者よりも事務官のほうが給料が高くなると、パターソンは猛然と腹を立てた。

「侮辱だ。お金じゃない」。パターソンは妻に、グループに残るくらいならバスの運転手になったほうがまだましだとこぼした。「辞めるしかなかった」

そうして国防分析研究所に転職し、シモンズとバウムに出会ったが、五〇歳の誕生日が近づくと不安に駆られはじめた。

「父親が五〇代後半につらい目に遭っていたから、気になりはじめたんだ」。ちょうど二人の子供が大学進学を控えていた。「十分な蓄えがなくて、このままじゃだめだと思ったのさ」

ある上司がアマチュア無線愛好家の会合でソ連に行く許可を得たことで、パターソンは、冷戦は終わろうとしていて自分も速やかに行動しなければならないと悟った。

〝仕事がなくなっちまう！〟

すると思いがけないことに、シモンズから突然、大慌ての様子で呼び出された。

「話がしたい。俺のもとで働かないか？」

取引コストを抑えた理想的なモデルの追求

ルネサンスへの転職の話はまさに渡りに船だった。シモンズのグループは、大量の複雑な価格データを分析して将来の価格を予測していた。そこでパターソンは、真のシグナルと市場のランダムな変動とを見分ける上で、自分の疑り深い性格が役に立つのではないかと思った。プログラミングの腕が重宝されることも分かっていた。しかも、一〇人ほどいるルネサンスの社員の多くと違って、少なくとももときどきは新聞の経済面に目を通していたし、金融についても多少のことは知っていた。

「インデックスファンドを持っていたから、俺は最先端を走っているって思っていた」とパターソンは言う。

「世界がとてつもなく数学的になろうとしている」ことを見て取ったパターソンは、コンピュータのパワーがこれから指数関数的に上がっていくと確信した。そして、シモンズは高度な数学と統計学を使って投資に革命を起こせるかもしれないと感じ取った。

「五〇年前だったら何もできなかっただろうな。これ以上ないっていうタイミングだった」とパターソンは言う。

シモンズのオフィスの隅にコンピュータを一台運び入れ、ルネサンスは不正を犯してはいないようだと納得したパターソンは、ラウファーとともにある手ごわい問題に取り組みはじめた。収益の上がる取引を導くだけでは十分でない。売買という行為自体がその投資商品の価格に大きな影響をおよぼして、収益が損なわれかねないのだ。たとえば、銅の価格が三・〇〇ドルから三・一〇ドルに上がると予測できたとしても、自分が買い注文を出したことで、ディーラーが価格を引き上げたりライバルが買ったりして、取引成立前に価格が三・〇五ドルに上がったら、収益は半分に減ってしまう。

シモンズのチームは当初から、このような取引コスト（「スリッページ」と呼んでいた）を気に掛けていた。そこで、もしそうした厄介な取引コストがなかったらどれだけの収益になっていたはずかを、モデルを使ってはじき出し、それを実際の取引の結果と定期的に比較した。そして実際の取引による収益と、厄介なコストを伴わないそのモデルの仮想的な取引による収益との差に、「デビル」という名前を付けた。

しばらくのあいだ、デビルの実際の大きさは推測するしかなかった。しかし、ストラウスの収集するデータがさらに増えてコンピュータがさらに強力になったことを受け、ラウファーとパターソンは、取引コストがファンドの運用成績にほとんど負担をかけないような理想的な状態から、実際の取引がどれだけ逸脱しているかを追跡するコンピュータプログラムを書きはじめた。そうして、パターソンがルネサンスに馴染む頃には、収益から取引コストを差し引くシミュレーションを走らせて、逃した収益の額を瞬時に特定できるようになった。

ラウファーとパターソンは、そのギャップを狭めるために、一回一回の取引が市場におよぼす影響が小さくなるよう、いくつもの先物取引所に取引を振り分ける高度な方法を編み出しはじめた。そうしてメダリオンは、追いかけるべき投資商品を以前より適切に判断できるようになり、それを大いに活かして新たな市場や投資商品の取引へと手を広げた。ドイツとイギリスとイタリアの国債、ロンドンの金利先物、さらにのちには、日経平均先物や日本の国債なども取引するようになった。

メダリオンの取引はますます頻繁になっていった。初めはトレーダーに一日五回指示を出していたが、最終的には一日一六回に増やし、もっとも取引が盛んな時間帯に売買を集中させることで価格への影響を抑えた。トレーダーはいまだに受話器を取って売買注文を出さなければならなかったが、メダリオンはもっと高速の取引に向かって前進していた。

非合理的な行動が損失を生む

それまでシモンズらは、数を増やしつづける自分たちのアルゴリズムがなぜこれほどまで正しく価格を予測できるかについては、あまり時間を割いて考えることがなかった。彼らはあくまでも科学者や数学者であって、アナリストやエコノミストではなかった。あるシグナルが統計的に有意な結果を導けば、それだけでトレーディングモデルに組み込む理由としては十分だった。

「どうして惑星が太陽の周りを回っているかなんて分からない。だからといって惑星の動きを予測できないわけじゃない」とシモンズはある同僚に語った。つまり、市場にパターンが存在する理由を突き止めるのに時間を割く必要はない、という意味だ。

それでも収益は急速に積み上がり、信じられないくらいに増えていった。メダリオンは一九九四年六月だけで二五パーセント以上、年間では七一パーセントの収益を上げ、シモンズでさえこの結果を「驚くばかりだ」と形容した。しかも、この年には連邦準備制度理事会が何度も金利を引き上げて、多くの投資家が大きな損失をこうむっていた。そんな中でメダリオンはこれほどの収益を上げたのだ。

ルネサンスのチームは、投資者の多くと同じく好奇心をそそられた。いったい何が起こっているのかと考えずにはいられなかったのだ。メダリオンがほとんどの取引で収益を上げているとしたら、逆に損失を重ねているのは誰なのか？

やがてシモンズは次のような結論に達した。損を出しているのはけっして、買い持ち型の個人投資家や、会社の事情に応じて外貨のポートフォリオをときどき調節する「多国籍企業の財務部」といった、頻繁に取引をしない人たちではなさそうだ。

どうやらルネサンスは、規模の大小にかかわらず、同業の投機家の弱点や落ち度につけ込んでいるようだったのだ。

「フランス国債市場の動向を頻繁に推測しているような、グローバルなヘッジファンドのマネージャーのほうが、つけ入る隙は多いだろう」とシモンズは語っている。

しかしラウファーは、メダリオンの目を見張る運用成績の理由を少し違うふうにとらえていた。自分たちがどこから金を奪い取っているのかぜひ知りたい、とパターソンから尋ねられたラウファーは、市場動向の予測に過度な自信を持っていて過剰に取引しているトレーダーたちだと指摘した。

「よくいる歯医者みたいなもんだよ」とラウファーは言った。

口から出任せのようにも聞こえるが、ラウファーのこの見方はシモンズと同じく深遠で、革新的でもあった。当時ほとんどの学者は、市場は本来効率的であって、市場を上回る収益を上げる確実な方法など存在せず、お金に関する一人一人の意思決定はおおむね合理的であると信じ切っていた。だがシモンズと同僚たちは、そのような学者の考えは間違っていると感じ取った。投資家は認知バイアスに流されやすく、パニックやバブル、ブームや不況を引き起こしかねないと考えたのだ。

シモンズは知らなかったが、ちょうどこの頃、のちにこの直観を裏付けることになる新たな系統の経済学が産声を上げていた。一九七〇年代にイスラエルの心理学者エイモス・トベルスキーとダニエル・カーネマンが、個人がどのように決定をおこなうかを研究し、ほとんどの人は非合理的に行動しがちであることを明らかにしていた。その後、経済学者のリチャード・セイラーが、心理学の発想に基づいて投資家の異常な行動を説明し、個人や投資家の認知バイアスを探究する「行動経済学」という分野の発展の口火を切った。特定された認知バイアスには次のようなものがある。投資家は一般的に損失の痛みを利益の喜びの二倍強く感じるという「損失回避」。最初に持っていた情報や経験によって判断が歪められるという「固着」。投資家はすでに自分のポートフォリオに含めている投資商品の価値を過剰に見積もるという「授かり効果」などである。

カーネマンとセイラーはのちにこの研究でノーベル賞を受賞する。そうして、投資家は思ったよりも不合理に行動して、似たような間違いを繰り返し犯すものだという共通認識が広がった。投資家はストレスに過剰に反応して、感情的な決定を下す。金融市場が大混乱しているさなかにメダリオンが最高の収益を上げたというのは、おそらく偶然ではなく、その後何十年にもわたって同じことが繰り返されていく。

シモンズもほとんどの投資家と同じく、ファンドが荒波をくぐり抜けている最中には神経質になった。稀ではあるが何度かは、衝動的に会社のポジション全体を減らすこともあった。しかしたいていは、直観に頼って投資していた頃の失敗を思い返して、トレーディングモデルを信じつづけた。モデルを覆すことは断固として避け、メダリオンの運用成績や社員の感情がファンドの行動に影響を与えないよう努めた。

「PLは入力にしない」とパターソンは言う（PLとは、投資業界の言い回しで「損益」という意味）。「俺たちはトレーダーとしては二流だが、俺たちのシステムがいわば恋人を乗せてオールを漕ぐことは絶対にない。そういう行動が市場にパターンを生み出しているんだ」

以前のシモンズは、経済学者や心理学者が編み出したからといって統計学的な方法論を取り入れることもなかったし、投資家のバイアスを避けたり、そこにつけ込んだりするためのアルゴリズムをプログラミングすることもなかった。しかしやがて、自分たちが収益を上げている一因はそのような投資家の過ちや過剰反応にあって、開発中のシステムを使えば同業トレーダーたちに共通する過ちにうまくつけ込めるだろうと考えるようになった。

「実際にモデリングしているのは人間の行動だ」と、ルネサンスの研究者ペナビックは説明する。「ストレスが高いときの人間の行動が一番予測しやすい。直観的に行動してパニックになるからだ。人間という役者が以前の人間と同じように反応するっていうのが、俺たちの大前提だ。そこにつけ入ることを学んだのさ」

ルネサンスの秘密主義

投資家たちもようやく、メダリオンが収益を上げていることに気づきはじめた。一年前の一九九三年、富裕層の資産を預かってヘッジファンドに投資する初の金融機関の一つである、ロンドンの投資会社GAMホールディングが、ルネサンスに約二五〇〇万ドルを投資していた。その頃にはすでにシモンズとそのチームは、ライバルに追いつかれることを恐れて、自分たちのファンドの運用方法があまり外部に知られないよう用心していた。そのため、ファンドの運用方法を細かいところまで完全に把握しておくのが常だったGAMの幹部は、難しい立場に置かれた。ルネサンスの会計監査が適切におこなわれていて、投資家の資金が安全であることは確認していたが、メダリオンがどのようにしてあれほどの大金を生み出しているかは完全には理解できなかった。GAMのお偉方はシモンズのファンドの運用成績に身震いしてはいたものの、ほかの顧客と同じく、彼らの投資にはつねに不安を抱いていた。

GAMでメダリオンへの投資を監督する任に当たっていたデビッド・マッカーシーは、「いつもビクビクして、何かまずいことが起こるんじゃないかって気が気じゃなかった」と言う。

それからまもなくして、シモンズに数々の難題が降りかかることとなる。

*

シモンズは方針を一八〇度転換した。一九九三年末の時点でメダリオンは二億八〇〇〇万ドルの資産を運用していた。そのためシモンズは、ファンドが大きくなりすぎると、自らの買いによってその投資商品の価格が上がり、売りによって下がるようになって、収益が損なわれてしまうかもしれないと心配していた。そこで、顧客をこれ以上増やさないと決断したのだ。

シモンズのチームはますます秘密主義になり、顧客には、最近の運用成績を知りたければマンハッタンのある電話番号にかけて録音テープを聴くよう、また詳細な最新情報については ルネサンスの弁護士に問い合わせるよう伝えた。そしてさらに、ライバルにファンドの活動を知られないようあれこれ策を講じた。

「非常に高い運用成績でわれわれは広く名が知られるようになりましたが、それがかえって最大の難題になるかもしれません」とシモンズは顧客たちに手紙で伝えた。「透明性は競争を招きます。自由企業体制の原理をしかるべく尊重する限り、規模は小さいほうが望ましいのです」

シモンズは顧客の投資家たちに、事業の詳細をいっさい漏らさないよう要求した。そして、「唯一の防衛策は目立たずにいることです」と説いた。

この秘密主義は、ときに会社に痛手を与えた。一九九五年冬、ブルックヘブン国立研究所で相対論的重イオン衝突型加速器に携わる科学者マイケル・ボトロのもとに、ルネサンスの幹部から、ある仕事に興味はないかと持ちかける電話がかかってきた。

ボトロは吹雪の中、マツダの傷だらけのハッチバックを走らせて、ストーニーブルック校のキャンパスにほど近い、病院と安酒場のそばのハイテク企業支援施設にあるルネサンスの新たなオフィスへ向かった。部屋に入って雪を払い落とすと、ベージュと暗い青緑の狭くてみすぼらしいオフィスにがっかりした。パターソンら社員と座って話をしたが、彼らのトレーディングの方法論は少しも明かしてくれず、悪天候の話ばかりで、ボトロは苛立ってきた。

〝無駄話はもうたくさんだ〟

パターソンたちの話によれば、ルネサンスが使っているプログラミング言語は、ウォール街の大手トレーディング会社が頼りにしているC＋＋などではなく、一〇年前に開発されたPｅｒｌという言語だということで、それを聞いたボトロはますます疑念を抱いた（実際にはPｅｒｌは簿記などの事務作業に使っているだけで、トレーディングには使用していなかったが、社員は誰もそのことを訪問者に伝えたがらなかった）。

「まるでガレージに四人の男が集まっているかのようだった。コンピュータ科学に通じているようには見えなかった。ほとんど勘と経験でやっていて、何人かの男がコンピュータをかじっているだけにしか思えなかった。さほど魅力的には映らなかった」とボトロは言う。

それから数日後、ボトロはパターソンに短い手紙を書いた。「モルガン・スタンレーに入ってこのビジネスをきちんと学ぶことにしました」

〝なんてこった〟

一九九五年、大手証券会社ペインウェバーの代理人がシモンズに電話をかけ、ルネサンスの買収に関心があると伝えた。何年もの苦労と並外れた収益を重ねてきた末に、ついにウォール街の大物がシモンズの先駆的な手法に目を付けてきたのだ。もうすぐとてつもない報酬が転がり込んでくるに違いない。

シモンズの指示でペインウェバーの数人の重役と会ったパターソンは、すぐに、この証券会社はシモンズの革新的な戦略を信用していないし、自分が高く買っている社員たちに対する興味もないのだと気づいた。ペインウェバーの重役たちは、このヘッジファンドの顧客が法外な手数料を払っていることに驚いて、その顧客リストを欲しがっていただけだったのだ。ルネサンスの顧客をつかまえたら、この会社を骨抜きにして、その金持ちの顧客たちに自社の商品を売りつけるつもりだった。買収交渉は不調に終わり、ルネサンスの社員の中にはがっかりした者もいた。主流派の投資家はいまだコンピュータトレーディングを信用していなかった。リスクの高い間違った方法だと感じていたのだ。

「やつらはアルゴリズムなんて無意味だって決めつけていた」とパターソンは言う。

メダリオンのジレンマ

メダリオンはいまだに連勝を続けていた。先物取引で莫大な収益を上げ、運用資産は六億ドルに達していたが、シモンズはこのヘッジファンドが深刻な問題を抱えていると確信していた。ファンドが市場におよぼす影響を驚きの精度で見積もるラウファーのモデルによると、運用資産をさらに大幅に増やせばメダリオンの収益は目減りしてしまうだろうとのことだった。穀類などいくつかのコモディティ市場は規模が小さすぎて、価格を乱高下させずに売買を増やすのは不可能だった。また、もっと大規模な債券市場や通貨市場でも、メダリオンが増やせる取引額には限界があった。

メダリオンは投資で儲けるコツをつかんでいるという噂が広がり、怪しげなトレーダーがそれに便乗しはじめた。シカゴを訪れたある社員は、ユーロドル先物の取引所の上のほうから誰かがメダリオンの取引を監視しているのに気づいた。メダリオンが売買をしようとするたびにそのスパイが手信号で合図を送り、共謀者が直前に割り込んでメダリオンの収益を奪っていたのだ。また、メダリオンが一日何回取引をするかをインデックスカードに記録している者もいたらしい。立会場のトレーダーの中には、コモディティ市場で存在感を放つシモンズのチームに「シャイフ」〔アラビア人の族長や長老の意〕というあだ名を付ける者までいた。ルネサンスは、もっと身を隠して先を見抜かれないよう取引活動を加減したが、そのせいでかえって、さまざまな金融市場でその利回りを上回る収益を上げているのだろうと勘ぐられるようになった。

シモンズは、ライバルが同様の戦略を取り入れるにつれて、自分たちの使っているシグナルが効力を失っていくことを心配していた。

シモンズは初めて受けた取材の中で、「このシステムの秘密がいつも漏れている。ゲームでリードしつづけるしかない」と認めた。[2]

社員の中には、そんなことはたいした問題ではないと見る者もいた。確かに運用資産に制約があれば、メダリオンはけっして世界最大最高のヘッジファンドになれないが、それがどうした？　ともかく現在の規模で運用を続けていけば、みんな大金持ちになって成功できるじゃないか。

「どうしてこのまま六億ドルをキープしないんだ？」とストラウスはシモンズに問いただした。そうすればメダリオンは年間約二億ドルの収益を上げられて、社員を幸せにするのに十二分のはずだ。

ところがシモンズは、「いいや、もっと上を目指せる」と返事した。

ファンドをさらに成長させる術を見つけろと迫ってくるシモンズに、一部の社員は苛立ちを感じた。

「皇帝は帝国を築きたがるものだ」とある社員は同僚にこぼした。

モルガン・スタンレーの元クオンツで、シモンズが支援する別会社の株式トレーディングベンチャー、ケプラーで働いていたロバート・フライは、意地でもメダリオンを成長させようとするシモンズのこだわりを、もっと好意的に解釈した。フライいわく、シモンズは何か特別なことを成し遂げて、トレーディングの新たな方法論を切り拓こうという決意を固めていたのだ。

「ジムが何をしたがっているかが大事だ」とフライは言う。「あいつは意味のある人生を求めていた。……ファンドをやる以上、一番になりたかったのさ」

シモンズがファンドの拡大にあれほどこだわった理由を、フライはもう一つ挙げている。

「ジムは億万長者になれるチャンスを感じ取ったんだ」

シモンズはずっと前から二つの動機に突き動かされてきた。自分は大きな問題を解決できると証明すること、そして大金を手にすることである。友人たちにはあまり理解されなかったが、シモンズは休むことなく富を蓄えつづけた。

収益を損なうことなしにメダリオンを成長させられる道は、一つしかなかった。株式投資に手を広げることである。株式市場は規模が大きく取引も容易で、大規模な取引をしても収益が損なわれることはなさそうだった。しかし問題は、株式市場で収益を上げることにシモンズとチームがずっと失敗してきたことだった。フライはいまだにケプラーで自分なりのトレーディング戦略に取り組んでいたが、運用成績はパッとせず、シモンズのプレッシャーは強まるばかりだった。

シモンズは、ファンドの好調な運用成績を維持すると同時に事業効率を高めることを狙って、すべての事業をロングアイランドに集約し、北カリフォルニアで長いあいだ働いてきた社員一〇人を呼び寄せることにした。しかし、息子が高校に通っているサンドー・ストラウスは、その移転に反対した。自分はロングアイランドに引っ越したくないし、シモンズがカリフォルニアの社員たちに生活拠点をむりやり変えさせようとしているのも気に入らないと、はっきり伝えたのだ。ストラウスはトレーディング事業を率いているし、もとの会社から唯一残っているメンバーだし、会社の成功の立役者だ。ルネサンスの経営権を一部所有していたストラウスは、国を横断する事業移転計画を株主投票にかけるよう要求した。ところが投票で敗れ、ますます苛立ちを募らせた。

一九九六年、ストラウスは自分が持っていたルネサンスの株式を売却して会社を辞め、シモンズはまたもや痛手をこうむった。のちにシモンズは、ストラウスを含め会社を辞めた者に、メダリオンから資金を引き揚げるよう要求する。ストラウスはこのファンドに引き続き投資できるよう特例扱いを要求することもできたが、折良く、投資先として同様の期待が持てる別のファンドを見つけた。

「数あるファンドの一つにすぎないと思った」とストラウスは言う。「もし何か秘訣があると考えていたら、メダリオンへの投資を続けたいと思ったはずだ」

突然の悲劇

シモンズはチームと新たな方向性を探るとともに、ストラウスが去った穴を埋めようと腐心したが、数学者時代の旧友はさほど同情してくれなかった。金融市場になぜこれほどの時間とエネルギーを注いでいるのか、いまだに理解できなかったのだ。世代を代表する才能の持ち主が、軽薄な活動で歳月を無駄にしているとしか思えなかった。シモンズがストーニーブルック校を去ってからしばらくしたある日曜日の午後、同大学の有名なトポロジー学者デニス・サリバンがシモンズの自宅を訪ねた。そして、シモンズがバーバラとの三人目の子供である息子ナサニエルの誕生パーティーの準備をしている様子を眺めていた。するとシモンズが水鉄砲を取り出してどんちゃん騒ぎに加わり、サリバンは目を丸くした。

「あきれたよ」とサリバンは言う。「数学は神聖なもので、ジムはとてつもなく難しい問題を解ける真面目な数学者だった。……彼の選択にはがっかりしたよ」

別の日には、マリリンとの最初の子供で、父親と同じく社交的、ときに度が過ぎるユーモアのセンスも父親譲りのニコラスと、シモンズが冗談を言い合っているのを目にした。

しかし、シモンズと近しくなって何度か自宅を訪れ、ボストンからたびたびやって来る年老いた両親にシモンズが尽くすのを目にするにつれて、サリバンの見方も徐々に変わっていった。シモンズが子供たち、とくにいまだ先天異常と闘っていたポールに愛情を注いでいることに、サリバンは感心した。ポールは一七歳のときにてんかんの発作を起こし、それ以降、発作を抑えるために薬を飲みつづけていた。

ジムとバーバラは、息子が自信を深めてきたのを感じ取った。ポールは生涯にわたって身体作りに努め、懸垂と腕立て伏せをほぼ毎日欠かさず、スキーと長距離サイクリングの腕も上げた。自由な精神の持ち主で、数学にもトレーディングにもほとんど興味を示さなかった。成人すると、ハイキングやスキーをやり、飼い犬のアバロンと遊び、地元の若い女性と親密になった。ストーニーブルックにあるミル池の周辺の静かな一帯をサイクリングするのがとくに好きで、お気に入りのルートを何時間も走った。

一九九六年九月、三四歳になったばかりのポールは、ジャージーとショートパンツを身につけて世界的ブランドの自転車にまたがり、少年時代に住んでいた家の近くを走るセタウケットのオールドフィールドロードへスピードサイクリングに出掛けた。すると年配の女性が、若者が前を横切ろうとしているのに気づかずに、家の私道から車を突然バックで出してきた。ポールはその車にぶつけられて即死した。過失とはいえ悲劇的な事故だった。数日後、心に傷を負ったその女性も心臓発作で死んだ。

ジムとバーバラは打ちひしがれ、シモンズは何週間も殻に閉じこもった。

シモンズは家族の支えに身を任せ、仕事などの活動から距離を取った。彼がどうやって心の痛みと闘うのか、いつまで続くのか、同僚たちにも見当がつかなかった。

「克服なんてけっしてできません。折り合いをつけられるようになるだけです」とバーバラは言う。

やがてシモンズが仕事に復帰すると、友人たちは、彼には気晴らしが必要だと感じた。シモンズは、株式トレーディングを攻略するというチームの必死の取り組みに再び集中し、会社を業界一に育て上げる最後のチャンスに賭けた。

しばらくのあいだ、シモンズは時間を無駄遣いしているようにしか見えなかった。

（下巻第１部第９章に続く）

付録1　メダリオンの収益推移

	純収益率	運用 手数料 （注1）	成果 手数料	手数料 差し引き 前の収益	運用資産	メダリオンの 運用収益（注2）
1988	9.0%	5%	20%	16.3%	2000万ドル	300万ドル
1989	-4.0%	5%	20%	1.0%	2000万ドル	0ドル
1990	55.0%	5%	20%	77.8%	3000万ドル	2300万ドル
1991	39.4%	5%	20%	54.3%	4200万ドル	2300万ドル
1992	33.6%	5%	20%	47.0%	7400万ドル	3500万ドル
1993	39.1%	5%	20%	53.9%	1億2200万ドル	6600万ドル
1994	70.7%	5%	20%	93.4%	2億7600万ドル	2億5800万ドル
1995	38.3%	5%	20%	52.9%	4億6200万ドル	2億4400万ドル
1996	31.5%	5%	20%	44.4%	6億3700万ドル	2億8300万ドル
1997	21.2%	5%	20%	31.5%	8億2900万ドル	2億6100万ドル
1998	41.7%	5%	20%	57.1%	11億ドル	6億2800万ドル
1999	24.5%	5%	20%	35.6%	15億4000万ドル	5億4900万ドル
2000	98.5%	5%	20%	128.1%	19億ドル	24億3400万ドル
2001	33.0%	5%	36%	56.6%	38億ドル	21億4900万ドル
2002	25.8%	5%	44%	51.1%	52億4000万ドル	26億7600万ドル
2003	21.9%	5%	44%	44.1%	50億9000万ドル	22億4500万ドル
2004	24.9%	5%	44%	49.5%	52億ドル	25億7200万ドル
2005	29.5%	5%	44%	57.7%	52億ドル	29億9900万ドル
2006	44.3%	5%	44%	84.1%	52億ドル	43億7400万ドル
2007	73.7%	5%	44%	136.6%	52億ドル	71億 400万ドル
2008	82.4%	5%	44%	152.1%	52億ドル	79億1100万ドル
2009	39.0%	5%	44%	74.6%	52億ドル	38億8100万ドル
2010	29.4%	5%	44%	57.5%	100億ドル	57億5000万ドル
2011	37.0%	5%	44%	71.1%	100億ドル	71億 700万ドル
2012	29.0%	5%	44%	56.8%	100億ドル	56億7900万ドル
2013	46.9%	5%	44%	88.8%	100億ドル	88億7500万ドル
2014	39.2%	5%	44%	75.0%	95億ドル	71億2500万ドル
2015	36.0%	5%	44%	69.3%	95億ドル	65億8200万ドル
2016	35.6%	5%	44%	68.6%	95億ドル	65億1400万ドル
2017	45.0%	5%	44%	85.4%	100億ドル	85億3600万ドル
2018	40.0%	5%	44%	76.4%	100億ドル	76億4300万ドル
	平均 純収益率 39.1%		手数料 差し引き前 の収益率 66.1%			運用収益の合計 1045億5300万ドル

平均年間粗収益率68.1%
平均年間純収益率39.1%

上記の1045億ドルという値はメダリオンの収益。ルネサンスはこのほかに、外部の投資家に公開された3つのヘッジファンドからも収益を得ており、これらのヘッジファンドの運用資産は2019年4月30日時点でおよそ550億ドル（メダリオンの投資家向け年次報告書より）。

（注1）メダリオンが投資者から徴収する手数料。ほとんどの年にはルネサンスの社員と元社員のみが投資した。
（注2）粗収益とメダリオンの収益は概算値。年に一度の手数料を徴収するタイミングなどにより、正確な額はわずかに異なる場合がある。メダリオンの収益は諸々の支出を差し引く前の値。

付録2　大物投資家たちのリターンの比較

投資家	中心的なファンド／会社	期間	年率換算収益率(注1)
ジム・シモンズ	メダリオン・ファンド	1988-2018	39.1%
ジョージ・ソロス	クォンタム・ファンド	1969-2000	32%（注2）
スティーブン・コーエン	SAC	1992-2003	30%
ピーター・リンチ	マゼラン・ファンド	1977-1990	29%
ウォーレン・バフェット	バークシャー・ハサウェイ	1965-2018	20.5%（注3）
レイ・ダリオ	ピュア・アルファ	1991-2018	12%

（シモンズ、ダリオ、コーエン、ソロスについては報道より。バフェットについてはバークシャー・ハサウェイの年次報告書より。リンチについてはフィデリティ・インベストメンツより）

（注1）いずれも手数料差し引き後の値。
（注2）ソロスが顧客のための投資をやめて以降、収益率は下がっている。
（注3）バフェットは資産1万ドル未満からスタートして、1951年から57年まで個人資産の投資で平均62%の収益を上げ、1957年から69年まで率いた共同事業では平均24.3%の収益を上げた。

学生時代のシモンズ

友人たちとブエノスアイレスに向けて出発するシモンズ（左）

シモンズ（左）と、IDAの同僚リー・ニューワースおよびジャック・ファーガソン

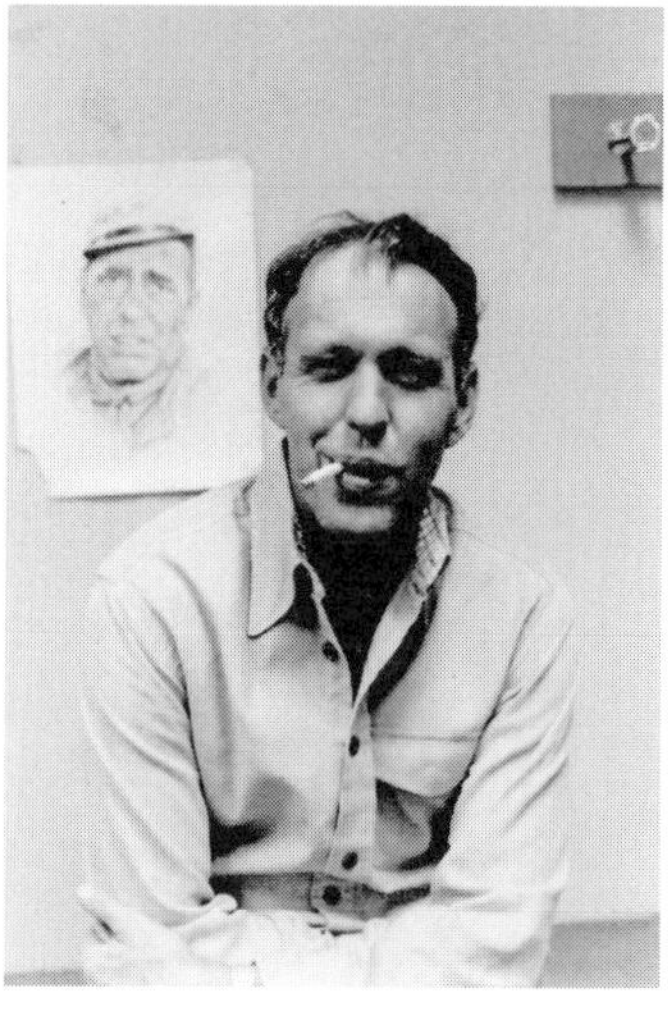

友人のあいだでシモンズは、ユーモアがあり、ハンフリー・ボガートにどことなく似ていることで知られていた

ルネサンスの最初のオフィス。そばに婦人服店とピザ屋とストーニーブルック駅があった

レニー・バウムは視力が悪化しながらも囲碁に没頭した

ジェームズ・アックスは聡明で男前、
そしてしょっちゅう腹を立てた

アックスは晩年、サンディエゴに移り住んだ

エルウィン・バーレカンプは苦難の時期のシモンズを助けた

シモンズと妻のマリリン、および高名な学者のシン-シェン・チャーン（手前）とチェン・ニン・ヤン（右端）

2018, http://nymag.com/intelligencer/2018/01/d-e-shaw-the-first-great-quant-hedge-fund.html
11. Hal Lux, "Secretive D. E. Shaw & Co. Opens Doors for Customers' Business," *Investment Dealers' Digest*, November 15, 1993.
12. G. Bruce Knecht, "Wall Street Whiz Finds Niche Selling Books on the Internet," *Wall Street Journal*, May 16, 1996, https://www.wsj.com/articles/SB832204437381952500.

第8章

1. Ingfei Chen, "A Cryptologist Takes a Crack at Deciphering DNA's Deep Secrets," *New York Times*, December 12, 2006, https://www.nytimes.com/2006/12/12/science/12prof.html.
2. John F. Greer Jr., "Simons Doesn't Say," *Financial World*, October 21, 1996.

第6章

1. James B. Stewart, *Den of Thieves* (New York: Simon & Schuster, 1991).

第7章

1. Geoffrey Poitras, *The Early History of Financial Economics, 1478–1776: From Commercial Arithmetic to Life Annuities and Joint Stocks* (Cheltenham, UK: Edward Elgar, 2000).
2. Mark Putrino, "Gann and Gann Analysis," *Technical Analysis of Stocks & Commodities*, September 2017.
3. Brian Stelter, "Gerald Tsai, Innovative Investor, Dies at 79," *New York Times*, July 11, 2008, https://www.nytimes.com/2008/07/11/business/11tsai.html; John Brooks, *The Go-Go Years: The Drama and Crashing Finale of Wall Street's Bullish 60s* (New York: Weybright and Talley, 1973).
4. Andrew W. Lo and Jasmina Hasanhodzic, *The Evolution of Technical Analysis: Financial Prediction from Babylonian Tablets to Bloomberg Terminals* (Hoboken, NJ: John Wiley & Sons, 2010).
5. Douglas Bauer, "Prince of the Pit," *New York Times*, April 25, 1976, https://www.nytimes.com/1976/04/25/archives/prince-of-the-pit-richard-dennis-knows-how-to-keep-his-head-at-the.html.
6. Emanuel Derman, *My Life as a Quant: Reflections on Physics and Finance* (Hoboken, NJ: John Wiley & Sons, 2004).
7. Edward O. Thorp, *A Man for All Markets: From Las Vegas to Wall Street, How I Beat the Dealer and the Market* (New York: Random House, 2017).
8. Scott Patterson, *The Quants: How a New Breed of Math Whizzes Conquered Wall Street and Nearly Destroyed It* (New York: Crown Business, 2010).
9. Patterson, *The Quants.*
10. Michelle Celarier, "How a Misfit Group of Computer Geeks and English Majors Transformed Wall Street," *New York*, January 18,

September 28, 2012, https://www.simonsfoundation.org/2012/09/28/simons-foundation-chair-jim-simons-on-his-career-in-mathematics
5. Simons, "On His Career in Mathematics."

第3章

1. Simons, "Mathematics, Common Sense, and Good Luck."
2. William Byers, *How Mathematicians Think: Using Ambiguity, Contradiction, and Paradox to Create Mathematics* (Princeton, NJ: Princeton University Press, 2007).
3. Lenny Baum の私的メモ, 家族提供.
4. Richard Teitelbaum, "The Code Breaker," *Bloomberg Markets*, January 2008.
5. James Simons, "Jim Simons Speech on Leonard E. Baum" (講演, Leonard E. Baum Memorial, Princeton, NJ, August 15, 2017), https://www.youtube.com/watch?v=zN0ah7moPlQ
6. Simons, "On His Career in Mathematics."
7. Simons, "Jim Simons Speech on Leonard E. Baum."

第4章

1. Byers, *How Mathematicians Think*.

第5章

1. James R. Hagerty and Gregory Zuckerman, "Math Wizard Elwyn Berlekamp Helped Bring Sharp Images from Outer Space," *Wall Street Journal*, May 1, 2019, https://www.wsj.com/articles/math-wizard-elwyn-berlekamp-helped-bring-sharp-images-from-outer-space-11556735303
2. Brian Keating, *Losing the Nobel Prize: A Story of Cosmology, Ambition, and the Perils of Science's Highest Honor* (New York: W. W. Norton, 2018).

注

イントロダクション

1. "Seed Interview: James Simons," *Seed*, September 19, 2006.
2. Gregory Zuckerman, Rachel Levy, Nick Timiraos, and Gunjan Banerji, "Behind the Market Swoon: The Herdlike Behavior of Computerized Trading," *Wall Street Journal*, December 25, 2018, https://www.wsj.com/articles/behind-the-market-swoon-the-herdlike-behavior-of-computerized-trading-11545785641

第1章

1. D. T. Max, "Jim Simons, the Numbers King," *New Yorker*, December 11, 2017, https://www.newyorker.com/magazine/2017/12/18/jim-simons-the-numbers-king
2. James Simons, "Dr. James Simons, S. Donald Sussman Fellowship Award Fireside Chat Series. Chat 2," Andrew Lo によるインタビュー, March 6, 2019, https://www.youtube.com/watch?v=srbQzrtfEvY&t=4s

第2章

1. James Simons, "Mathematics, Common Sense, and Good Luck" (講演, American Mathematical Society Einstein Public Lecture in Mathematics, San Francisco, CA, October 30, 2014), https://www.youtube.com/watch?v=Tj1NyJHLvWA
2. Lee Neuwirth, *Nothing Personal: The Vietnam War in Princeton 1965–1975* (Charleston, SC: BookSurge, 2009).
3. Paul Vitello, "John S. Toll Dies at 87; Led Stony Brook University," *New York Times*, July 18, 2011, https://www.nytimes.com/2011/07/19/nyregion/john-s-toll-dies-at-87-led-stony-brook-university.html
4. James Simons, "Simons Foundation Chair Jim Simons on His Career in Mathematics," Jeff Cheeger によるインタビュー, Simons Foundation,

［著者］
グレゴリー・ザッカーマン（Gregory Zuckerman）
ウォール・ストリート・ジャーナルのシニアライター兼ノンフィクション作家。ウォール街の金融企業や投資家に焦点を当てた記事や、ビジネスの話題を人気コラム「Heard on the street column」に掲載。経済・金融ジャーナリストの最高峰ジェラルド・ローブ賞を3回受賞。CNBCやFoxなどの経済番組にも定期的に出演。著書に『史上最大のボロ儲け　ジョン・ポールソンはいかにしてウォール街を出し抜いたか』（CCCメディアハウス）など、ノンフィクション多数。

［訳者］
水谷淳（みずたに・じゅん）
翻訳者。主に科学や数学の一般向け解説書を扱う。主な訳書にジョージ・チャム、ダニエル・ホワイトソン『僕たちは、宇宙のことぜんぜんわからない』（ダイヤモンド社）、ジム・アル＝カリーリ、ジョンジョー・マクファデン『量子力学で生命の謎を解く』（SBクリエイティブ）、レナード・ムロディナウ『この世界を知るための人類と科学の400万年史』（河出書房新社）、マックス・テグマーク『LIFE3.0』（紀伊國屋書店）などがある。

最も賢い億万長者〈上〉
――数学者シモンズはいかにしてマーケットを解読したか

2020年９月29日　第１刷発行

著　者――グレゴリー・ザッカーマン
訳　者――水谷淳
発行所――ダイヤモンド社
〒150-8409　東京都渋谷区神宮前6-12-17
https://www.diamond.co.jp/
電話／03･5778･7233（編集）　03･5778･7240（販売）
装丁――――竹内雄二
DTP ―――荒川典久
校正――――久高将武
製作進行――ダイヤモンド・グラフィック社
印刷／製本―勇進印刷
編集担当――田口昌輝

ISBN 978-4-478-10913-7